ドゥニ・リュッフェル・フランス料理

感動の味わい

笑顔を忘れた日本の素材への語りかけ

1

トゥレトゥールと郷土料理 編

ドゥニ・リュッフェル＝著
元パリ「パティスリー・ミエ」シェフ

椎名眞知子＝料理制作

ドゥニ・リュッフェル　プロフィール　Denis Ruffel

1950年生まれ。元パリ「パティスリー・ミエ」シェフパティスィエ。イル・プルー・シュル・ラ・セーヌ顧問。パティスィエ、コンフィズール、グラスィエのフランスにおけるBM（上級資格）取得。料理にも情熱を傾け、CAPキュイズィニエ取得。サルコジ元大統領はじめ各界著名人から愛されている。弓田亨とは、弓田が「パティスリー・ミエ」で研修した時に出会い、その後「生涯の友」として、互いに示唆を与えあう仲となる。彼が作る料理や菓子は、ずっと昔からあって今も受け継がれているもの。「私の原点は祖母や母が作ってくれた料理。そこから逸脱して料理を作ることはない」とドゥニ・リュッフェルは言う。弓田亨は、「彼なくして私のパティスィエ人生はない」と言い切る。

なぜフランス料理の本？

まずはこの謎を共に分かち合う喜びに変えるためにお話をします。
日本人の食通の多くにとって、フランス料理は壮大な神話であると同時にミステリアスなものとして捉えられています：異なる食材、異なる技術、異なる味、そこに国際的に卓越した美食の国、ロマンチックな国といったフランスの持つイメージが加わるからです。

この本を通して、私は皆さんにフランス料理の不思議を解くための大切なポイントを明らかにしたいと思いました。フランス料理への扉を開き、その独自な技術の手ほどきをし、本当のフランス料理を皆さんご自身で作って頂けるようにしたい、そしてその秘訣をお伝えしたいと考えました。

料理というのは、本当のところ自尊心や傲慢さとは正反対のところに位置するものであり、むしろ謙虚さや根気を教えてくれるものです。なぜなら、まずは何よりも基本をしっかりと学ぶことを必要とするからです。

菓子における基本とは、第一に重さ、用量の計測と温度です。菓子は厳格なものであり、決まり事や分量を厳正に守る分野なのです。

料理における基本では味を多様にすること、そして季節に合った様々な材料を使いながらその味を進化させることを学びます。

基礎がしっかりとマスターされていなければ、料理においても菓子においても、お客様の感嘆や喜びを呼び起こすような味わい深いものを作るまでに到達することは不可能なのです。

皆さんがその名声に敬意を表している真の料理人やパティスィエは、何よりもまず謙虚さや根気を備えた人たちであり、料理や菓子の基礎を熟知している人たちです。

さて、ではどのようにして私がその内の1人になったのでしょうか。

それは1950年代後半のフランス、腕利きの料理人であった専業主婦の母の傍らで始まります。

大人しく学校の教科書に向かうのは私の気性には合っておらず、私は動くことや何か具体的な物を作る方を好んでいました。

家における具体的なこと、それは主にこの小さな家族のために日に2度準備されなければならない様々な料理でした。私は母に付き添って市場に出向くのが大好きで、商人たちが勧めてくる様々な品質の商品から母が上手に美味しい野菜や新鮮な果物、良い肉などを選ぶ姿を見るのが大好きでした。市場の匂い、あの香り、あの色彩！ テレビは白黒でチャンネルも1つしかない時代に、当時の偉大なフランス料理人であったレイモン・オリヴィエ（注釈1）がやっていた有名な番組に夢中になっていました。大きな白いコック帽と歌を奏でるかのような南仏のアクセントで、有名なフランス料理店の複雑な料理のルセットゥの秘訣を披露していたのです。それらのルセットゥを母は日曜日に訪れるお客様のために作っていました。私は母の手伝いがしたくて何としてでもキッチンに入り込んでいたものです。それが私にとって1番楽しいことだったのです。

ですから、クリスマスや、地方で暮らすいとこ達がパリに遊びに来た時のおもてなし料理、或は宗教上のお祭りの時など年間の大切な機会に家で開かれたパーティーの食事の数々には素晴らしい思い出があります。同じように、季節の新鮮なフルーツで母が作ってくれたジャムにも非常に良い思い出があります。さらに、前の食事の残り物を使って母が腕と想像力で作り出す様々な美味しい料理も大好きでした。

全ては8歳の時から始まっていたのです。私の天職はすでに見つかっていました。私は両親にパリの商工会議所が運営する学校にパティスリーを勉強するために入らせて欲しいと、少しためらいがちではありましたが、宣言したのです。

その後は次々に様々な経験を重ねていきました。惣菜の仕事、パン屋でのパンやブリオッシュの製造、肉料理、アラン・サンドランス（注釈2）がシェフを務めていたラルケストラート（注釈3）やロベール・モナスィエがシェフを務めていたラ・ブルゴーニュ（注釈4）などのパリの名店での研修、食品関係の大企業や有名な協会であるルレ・デセール（参照5）でのデモンストレーション、そしてメゾン・ミエ（注釈6）において40年間シェフを務めるに至りました。

14歳から65歳の現在まで、この世界における長いキャリアの年月の中でこうして私はフランス料理の経験を積み成長してきたのです。

弓田亨氏とは、1978年に彼のメゾン・ミエでの1度目のパティスリー研修の際に出会いました。フランス菓子の味覚・技術を学ぼうとする情熱、フランスのガストロノミーに対する好奇心、繊細な味わいを溢れる才能で執拗に究めようとする姿勢、そんな彼とはすぐに

親しくなりました。

そして私達の友情は彼の2度目の研修を通してさらに強固なものになっていきました。

こうした親しいお付き合いの中で、1986年に初めて彼が東京で開催した第1回フランス菓子講習会に合わせて日本に招待してくださったのです。

代々木上原に開いた最初の店、フランス菓子教室の開講、そして代官山への店と教室の移転、さらに椎名氏がスタッフに加わり始まったフランス料理教室。私は彼がこの世界で邁進していく姿を間近で見ることができました。

彼らと出会い、そして共に仕事が出来ることは私にとってこの上ない幸運だったと言えましょう。

かまどの後ろで経験を積んできた人生から私は料理人・菓子職人としての哲学を見出すことができました。この本を通してそれを皆さんにお伝え出来ることを嬉しく思います。

貴方がもし、貴方自身も自らのかまどを持ち、フランス料理やデザートを作る真のシェフになりたいと思ったとして、優先的に努めて尊重すべき決まりごとは何だと思いますか？

まず最も重要なルールは、素材の選択に注意を払うことです。その品質、そして鮮度です。そして季節に合った旬のものであるということです。そのためには、自ら市場へ頻繁に足を運び店の人たちと常に良い関係を築いていなければなりません。

あらゆる料理法というものは、シンプルさの探求、そして素材の価値を引き出すことに存在するのです。複雑であることは真の料理人の技とは真逆のものと言えます。

さらに、料理を作っているあいだ何度も訪れるきわめて重要なテイスティングというステップがあります。ホッとする嬉しい時間でもありますが、同時に分析を行い自分の作っている料理は今どのような味なのだろう、美味しく完成させるために残りすべきことは何だろう、と作業を決める時間でもあります。

真の料理人であるためには、素材の組み合わせや構成そして料理を通じて視覚・聴覚・味覚・嗅覚・触覚といった五感を満足させなければいけません。また、調味というのは精密な技術であり、料理に作り手の個性を与えるものでもあります。

フランス料理において理解不可能な謎などは存在せず、ただ基本をしっかりとマスターすれば良いのです。料理におけるそれは音楽における基本と同じです。楽器を演奏する前にまずは音符を良く見ましょう！

そうすれば経験や腕は自ずと自然についてくるものです。

基本の技術を巧みに操る情熱が無ければ本当の意味で料理人になることは出来ません。続いてその手と経験と進取の気性に富んだ姿勢が作り手の良さを引きだすことになるのです。

ですから、料理人というのは自分に出来ることをただひたすら繰り返し行うプロではなく、常に自分を見直す作業をする人と言えます。常に自らを順応させ、高いレベルで何かを作り出す人なのです。

料理人を駆り立て導くもの、それは素材を扱うことへの愛情や、思いがけない味わいや新しい味わいを探求しお客様の舌に喜びや感動が生まれるように努める姿勢です。

かまどの後ろで、料理人は創作活動のために正確に動き、自らをコントロールし、基本を究め、火を操るのです。

感動、創造性、良い仕事に対する誇り、伝統的な規則や経験といったものの尊重、完璧を目指す姿勢、勇気や根気強さ、技量の継承などがこの仕事の素晴らしいところであり、道義でもあります。

そして料理には、料理人が思い出や知識を育む昔ながらの料理だけでなく、創意工夫を凝らして新しいアイデアで伝統料理を豊かにする現代の料理も存在します。ただし、いずれにせよ使う素材に対して敬意を表し愛情を持って接することが基本です。

常に風味の豊かさを求め、お客様と喜びを分かち合うことを追い求めるのです。お客様は、美味しい格別な味わいとの出会いに驚くと同時に、食べるということはただ生理的な必要性からくるだけのものではなく世界の偉大な文化の1つに参加しているという事を思い出すのです。

これが職人であり芸術家であるこの仕事の気高さなのです。

料理は遥か昔から存在するものであり、生きるための必要性から生まれました。上質の料理は、後に完成度の高い料理を望む意志や、身近な人たちと喜びを分かち合いたいという気持ちから生まれたものです。

フランスには何世紀も続く壮大で豊かな歴史があり、それは建造物、文学、芸術などの歴史的遺産だけでなく、世界の国々が称賛する美食文化遺産が物語っています。

食文化遺産の多様さ豊かさはフランスの地方や気候、風景の多様さ、そしてそこで作られる食物 ― 野菜、果物、香りのよいハーブ、数えきれないほどの各地のワイン、海や川の魚、貝や甲殻類、肉類や野生のジビエなど ― の多様さに起因しています。

これらの食材は、牧草地の広がる地方や山や森、海辺といった各地方で様々な郷土料理に姿を変えていきます。そしてまた数々の料理や菓子のルセットにも使われて行きます。

フランスの食文化は、長い時を経て世界の歴史の重要な要素としての立場を確固たるものにしてきたのです。

ですから、フランス伝統料理を扱うシリーズの第一弾としてこの本を皆様にご紹介できることはこの上ない喜びであり栄誉だと思っています。さらにこの本は、プロの皆様だけでなくフランスの美食に情熱を傾ける一般の方々に向けた本でもあります。

また、素材の持つ最大限の味覚を引き出すために季節に合った材料を選ぶことに重きを置いています。

紹介している数々のルセットゥは椎名氏によって丁寧に選ばれたものであり、細かく明確な解説を付けることで日本の皆さまがご家庭でも作り易いものになっています。

この本の出版は偶然の産物ではありません。と申しますのも、イル・プルー・シュル・ラ・セーヌのオーナーである弓田亨氏により東京で開催されているフランス菓子・料理技術講習会の30周年を記念して刊行されるからです。この講習会はまた椎名氏の献身的な協力に支えられ、お二人のお蔭で私がデモンストレーションを務めさせて頂いています。

毎年講習会を成功させるためにご尽力頂いているお2人にこの場を借りてお礼を申し上げます。また、お2人を助け、最善を尽くしてくださっているご協力者の皆さんやアシスタントの皆さんにもお礼を申し上げます。毎年友人と再会するように皆さんとお目にかかれることを嬉しく思っています。

30年という月日は、フランス伝統料理の豊かさを日本でより良く知って頂くために積み重ねられてきた、私達3人の努力の歴史であり、私達を繋ぐ情熱と友情の歴史でもあり、また多くの成功が詰まった歴史だと思います。

そしてこの忘れえない経験を通して、文化や伝統的な食の慣習など日本をより良く知り好きになることが出来ました。

フランス料理およびフランス菓子に関する知識を、日本のプロそして愛好家の皆様に提供するために長年に渡り尽力しておられる弓田氏、椎名氏に感謝申し上げます。

同じように、お時間を作って下さり私たちの講習会に関心と興味を持ってご参加くださった数多くの日本の皆様に御礼申し上げます。皆様は30年という月日の中で、決してくじけることなく私たちに忠実でいて下さいました。

そして、私たちが紹介したルセットゥを試して下さり、ご友人達にこの本をご紹介下さるであろう読者の皆様にも御礼申し上げます。

良いものやおいしく食べる事に対する情熱を皆様と分かち合うための取り組みや努力を継続するために、皆様のご支援が励ましになるのです。

どうぞおいしいお料理をお楽しみ下さい・・・そして貴方が愛する全ての人たちをもてなして差し上げて下さい。

2015年5月
ドゥニ・リュッフェル

注釈1）Raymond Olivier（レイモン・オリヴィエ）：フランスの料理人。1909年 Langon（ランゴン：フランス、アキテーヌ地域圏、ジロンド県のコミューン）生まれ。1990年パリにて他界。パリ1区の名店ル・グラン・ヴェフールの元オーナーシェフ。1953年にフランス初の料理番組を始め、14年間出演していた。

注釈2）Alain Senderens（アラン・サンドランス）：フランスの料理人。1939年 Hyères（イエール：フランス、プロヴァンス＝アルプ＝コート・ダジュール地域圏、ヴァール県のコミューン）生まれ。1985年から2005年まで、ミシュランガイド3つ星に輝いたルカ・カルトンのオーナーシェフ。2005年5月より店名をSenderensに変更。良質の食事を手頃な値段で提供するために、3つ星の座を放棄した。ヌーベル・キュイジーヌの鬼才と言われる。

注釈3）L'Archestrate（ラルケストラート）：アラン・サンドランスが1968年、パリ7区のエクスポジション通りに開いたレストラン。1977年にヴァレンヌ通りに移転、翌1978年にミシュランガイド3つ星獲得。1970年代半ばから80年代前半にかけてヌーベル・キュイジーヌの中心と言われたが、1985年に店を閉めルカ・カルトンのオーナーになった。

注釈4）La Bourgogne（ラ・ブルゴーニュ）：フランス・パリ7区にあったブルゴーニュの郷土料理店。オーナーシェフのロベール・モナスィエ氏はミエ氏と親交があった。

注釈5）Relais Dessert（ルレ・デセール）：1981年にフランスで創設されたパティスィエおよびショコラティエが組織する協会。

注釈6）Maison Millet＝Pâtisserie Jean Millet（ジャン・ミエ）：1963年にオーナーであるジャン・ミエ氏がパリ7区のサン・ドミニク通りに開いたパティスリー。1973年からドゥニ・リュッフェルがシェフパティスィエを務めた。

ドゥニさん講習会の歩み

1986年	8月、第1回ドゥニ・リュッフェル氏によるフランス菓子技術講習会を明治屋さんにて開催。弓田亨自らが通訳とアシスタントを務め、参加者の試食も全てドゥニ氏がデモンストレーションで作り上げた。
1987年	第2回菓子講習会を開催。この年から服部栄養専門学校にて開催することに。
1996年	第11回講習会より3年間、フランス料理のみの講習会を行う。初の料理講習会はクルスタッドゥやフール・サレなど菓子屋でもなじみのあるトゥレトゥールを中心に行った。
1999年	第14回講習会よりフランス菓子と料理の講習会となる。
2002年	6月～翌年1月にかけてドゥニ・リュッフェル氏の著書「アルティザン・トゥレトゥール」全3巻を弓田亨監修のもと翻訳出版。
2008年	第23回講習会は初めてイル・プルー・シュル・ラ・セーヌを会場に菓子と料理の講習会を行う。この年から料理は実演実習スタイルとなる。
2009年	料理は引き続き代官山の教室での実演実習スタイル、菓子は代々木上原のドーバー洋酒貿易株式会社を会場に行う現在のスタイルとなる。
2015年	30回目の講習会を迎える。

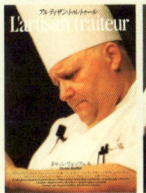  

読者の皆様へ

ドゥニさんによる技術講習会も今年で30回目を迎えます。
その記念すべき30回の節目に「ドゥニ・リュッフェル・フランス料理　感動の味わい」を刊行出来る喜びを今改めて感じています。30回の講習会のうち、10回目まではフランス菓子、その後3年間料理のみの講習会を行い、14回目からフランス菓子と料理の講習会として続けて参りました。
この本はドゥニさんから講習会で教えて頂いたメニューの数々を収めたものです。

ドゥニさんの料理を一言で表すなら、「皆を幸せにする料理」でしょう。本来のフランス料理から離れることなく、常にお母さんが作ってくれた料理を原点とした、心と身体が元気になる料理です。

研ぎ澄まされた感覚で、フランスとは異なる日本の食材からおいしさを引き出すドゥニさんの力には毎年驚きと感動を覚えます。30年間ドゥニさんの講習会を続けてこられたのも、ドゥニさんの並々ならぬ熱意と努力の賜物であり、未だ誰もこれだけ長きにわたり、フランスの食の伝統を日本人に伝え続けた人はいないのではないかと思います。

今、私は食べた人が本当のおいしさに触れ、感動するドゥニさんの料理のルセットゥをもとにイル・ブルー・シュル・ラ・セーヌの料理教室で生徒さんたちに授業を行っています。生徒さんたちが試食のためにテーブルを囲み、「おいしい！」と食べている姿は、見ている私まで嬉しくなる幸せな光景です。

そしてドゥニさんと共に作り上げてきた料理の数々は、料理教室の中だけに留まるのではなく、もっとたくさんの方々に作って頂きたいと思っております。

この本を出版するにあたり、偉大な足跡を残してくれたドゥニさんへ私たち一同感謝の気持ちで一杯です。そしてこれまでの講習会を支えて頂いた全ての方々に感謝いたします。

椎名眞知子

椎名眞知子
山梨県甲府市生まれ。小さい頃から菓子・料理作りに興味を抱き、短大卒業後料理学校へ。料理学校での助手を経て、弓田亨のフランス菓子と出会い、イル・ブルー・シュル・ラ・セーヌの教室1期生として菓子を学ぶ。1995年より教室スタッフに。ドゥニ・リュッフェル氏の料理講習会でのサポートも務め、ドゥニ・リュッフェル氏が来日してからの数日間、試作を共に繰り返す。その料理への真摯な姿勢はドゥニ・リュッフェル氏からも絶大な信頼を得ている。現在は教室の副校長として、フランス菓子、フランス料理を教える"イル・ブルーの柱"的な存在。主な著書に『ちょっと正しく頑張ればこんなにおいしいフランスの家庭料理』（小社刊）、『ごはんとおかずのルネサンス基本編』『イル・ブルーのパウンドケーキおいしさ変幻自在』（弓田亨と共著・共に小社刊）、『一年中いつでもおいしいいろんな冷たいデザート』（深堀紀子と共著・小社刊）、『イル・ブルー・シュル・ラ・セーヌのお菓子教室』（柴田書店刊）などがある。

ドゥニさんの日本でのフランス菓子・料理講習会も今年で30回目を迎えることとなりました。30回。30年。あまりにも長い時間です。

その間、講習生が毎年200人を下回ることはありませんでした。彼がこの日本で私たちに与え続けてきた、食の領域での真にフランス的な魅力あふれる偉大な力を今、再認識しています。

彼の料理、お菓子の真髄は、一点のくもりもない人間への愛と言えます。

人はこの世に生まれ落ちてから、愛に包まれて育たなければ本当の愛を知ることは出来ません。

ドゥニさんは両親や祖母から慈しみを受けて育ちました。そしてその根幹をなすものは当時の、今よりもっとおいしかった野菜や肉などでお母さんやおばあさんが作ってくれた本当においしく、彼の身体を健康に強く育くみ、家族のきずなを強めてくれた手作りの料理でした。そしてお父さんの広い心です。ドゥニさんのおじいさんは第一次大戦でドイツとの戦いで戦死しました。またドゥニさんのお父さんも第二次世界大戦でドイツ軍の捕虜となりました。しかしお父さんは「ドイツ人もフランス人も同じ人間であり、悪いのは戦争だ。ドイツ人を恨んではいけない」とドゥニさんに常々言っていたそうです。

このような家庭の中で、ドゥニさんは人への愛を育んでいったのです。

彼の作るお菓子や料理はそれを食べる人のために作られます。本当においしい、食べる人の心と身体を健康で幸せにするものを作り続けます。1日4時間しか睡眠をとらず、知力体力を全て味わいのために注ぎ込みます。マスコミにへつらうことは決してありません。

これがドゥニさんのたった1つの姿なのです。

日本からは真実の食は消えてしまいました。

そんな時だからこそ食の本質を伝えるドゥニさんの料理とお菓子を、この日本で伝え続けなければという思いが、日本での講習会でした。

30回を機に彼の足跡を形に残さなければという思いの下にこの本は作られました。椎名は第11回目からの料理講習会でドゥニさんと共にこの日本の劣悪な食材で試作を繰り返してきました。

ドゥニさんの薫陶を受け、彼女の料理もふくらみを持ってきました。

椎名がドゥニさんへの感謝と尊敬の念を込めて、撮影の料理を作りました。

暖かく、いつくしみ溢れるドゥニさんの足跡です。

弓田亨

弓田亨

福島県会津若松出身。多くのパティスィエやお客様が日本で一番おいしいフランス菓子店と認める「ラ・パティスリー・イル・プルー・シュル・ラ・セーヌ」（渋谷区・猿楽町）オーナーパティスィエ。1970年明治大学卒業後、熊本のお菓子屋「反後屋」に入る。その後、東京「プールミッシュ」工場長を経て1978年と1983年にフランス・パリの「パティスリー・ミエ」で研修。帰国後はフランスと日本の素材と技術の違いについて書いた「イマジナスィオンⅠ」(1985)を自費出版。日本の菓子業界にセンセーショナルを巻き起こした。1986年8月、自分の店を持つ前に、この日本に真のフランスの味わいを伝えたいと、ドゥニ・リュッフェル氏のフランス菓子講習会を開き、以降30年にわたり毎年講習会を開く。そして同年12月、自らの哲学によるフランス菓子の再現の場として「ラ・パティスリー・イル・プルー・シュル・ラ・セーヌ」を代々木上原にオープン。1995年に代官山に移転。現在も店の向かいのフランス菓子教室で教える他、全国での技術講習会、海外での食材探し、出版などを通じ、真実の味を追究し続けている。2000年から日本の食が異常に変質していることに気づき、心と身体に十分な栄養を与える料理法「ごはんとおかずのルネサンス」を3年がかりで試作。現在も「食の仁王」として日本の食の未来を見つめる活動も続けている。近著にプロ向け製菓教本『贈られるお菓子に真実の幸せを添えたい』『はじめてのルネサンスごはん　おいしいおっぱいと大人ごはんから取り分ける離乳食』（共に小社刊）、『体がよみがえる家庭料理ルネサンスごはん』（祥伝社刊）などがある。

目次
Sommaire

序文―ドゥニ・リュッフェル	2	Préface -Denis Ruffel-
ドゥニさん講習会の歩み	9	Histoire de la démonstration de Denis Ruffel
読者の皆様へ―椎名眞知子	10	Avant-propos -Machiko Shiina-
読者の皆様へ―弓田亨	11	À nos lecteurs -Toru Yumita-
本書の見方	16	Guide de lecture

Chapitre 1
生地を使ったトゥレトゥール

トマトとシャンピニオンのクルスタッドゥ	18	Croustade Trianon
ポロねぎのフラミッシュ	22,24	Flamiche aux poireaux
千切り野菜のクルスタッドゥ　バジル風味	22,26	Croustade de julienne de légumes au basilic
サーモンとほうれん草のクルスタッドゥ	23,28	Croustade de saumon et épinards
チーズのクルスタッドゥ	23,30	Croustade de fromage
玉ねぎのクルスタッドゥ	32	Croustade à l'oignon
フィレンツェ風　ほうれん草と半熟卵のクルスタッドゥ	35	Croustade d'œufs mollets Florentine
海の幸のクルスタッドゥ	38,40	Croustade de fruits de mer safranée
グリーンアスパラガスと蛙のもも肉のクルスタッドゥ	39,42	Croustade d'asperges et cuisses de grenouilles
いくらとスクランブルエッグの小さなクルスタッドゥ	44	Croustade d'œufs brouillés aux œufs de saumon
ムール貝のクルスタッドゥ　カレー風味	46	Croustade de moules au curry
ルキュルス風　半熟卵のクルスタッドゥ	48	Croustade d'œuf mollet Lucullus
カナッペ10種	52	Les 10 canapés
うずらの卵	53	Canapés d'œufs de caille
鶏レバーと野菜のアスピック	54	Canapés d'aspics au foie de volaille
パルムザン	55	Canapés au parmesan
小エビとトマト	56	Canapés de crevettes et tomates
サラミ	57	Canapés saucisson
キャビア	57	Canapés caviar
舌平目のムース　香草風味	58	Canapés de mousse de sole aux herbes
アボカドのムースとカニ	60	Canapés au crabe
アスパラガスの穂先	61	Canapés aux pointes d'asperges
茹で卵とアンチョビ	62	Canapés aux anchois et œuf dur
クロック・ムッシュウ	64	Croque-monsieur
クロック・マダム	66	Croque-madame
パン・シュルプリーズ（アボカド、ロックフォールチーズ、鶏と香草）	68	Pain surprise (avocat, roquefort, poulet et herbes)
パン・シュルプリーズ（スモークサーモン、ハム、茹で卵とマヨネーズ・ヴェルトゥ）	73	Pain surprise (saumon fumé, jambon, œuf dur)
ニョッキ・ア・ラ・パリジェンヌ	76,78	Gnocchis à la Parisienne
シェーヴルチーズのシュー	77,80	Surprise de choux au fromage de chèvre

Rubriques
コラム

51	コラム1	クルスタッドゥに共通のおいしい食べ方、おすすめワイン、保存法
63	コラム2	おいしいカナッペ作りの基本
75	コラム3	ドゥニさんの食の履歴書…1　人生を決めたシンプルでおいしい母の料理
101	コラム4	ドゥニさんの食の履歴書…2　常に成長したいと、貪欲に学んだ修業時代
150	コラム5	フランス各地方の特産や料理について
159	コラム6	ポトフにまつわる話
208	コラム7	ドゥニさんの食の履歴書…3　菓子だけでなく料理を学んで得た"味覚"

Chapitre 2
前菜アラカルト

スープ・オ・ピストゥー	84	Soupe au pistou
シャンピニオンとレタスのクリームスープ　蛙のもも肉をガルニチュールに	87	Crème de champignons et laitue aux cuisses de grenouilles
ムール貝のスープ	90	Soupe de moules au basilic
ヴィシソワーズ	92	Vichyssoise
ガスパチョ	94	Gaspacho
オニオングラタンスープ	96	Soupe à l'oignon gratinée
レンズ豆のスープ　細切りベーコンとクルトン入り	98	Crème de lentilles aux croûtons et lardons
ル・ピュイのレンズ豆のサラダ　細切りベーコンとクルトン入り	102, 104	Salade de lentilles vertes du Puy aux lardons et petits croûtons
鶏むね肉とリ・ドゥ・ヴォーのサラダ	103, 106	Salade de suprême de volaille et ris de veau
オーヴェルニュ風　オックステールのサラダ	108	Salade de bœuf rustique à l'auvergnate
バリエーション 豚足のサラダ	110	Salade au pied de cochon
コレーズ風　フォワグラと砂肝のサラダ	111	Salade corrézienne
鶏レバーのサラダ　フランボワーズヴィネガー風味	114	Salade canaille aux foies de volailles
魚介のサラダ　ポワヴルヴェール風味	117	Salade de crustacés au poivre vert
ラングスティーヌのサラダ　オレンジヴィネガー風味	120	Salade de langoustines à la vinaigrette d'orange
カニと柑橘類のサラダ	122	Salade de crabe aux agrumes
ブラジル風　米のサラダ	124	Salade brésilienne
日本風　米のサラダ	126	Salade japonaise
カレー風味　米のサラダ	128	Salade du ris au curry
サラダ・ロスコヴィート	131	Salade roscovite
鶏レバーのテリーヌ	134	Terrine de foie de volaille
ル・マンの豚のリエット　バゲットを添えて	137	Rillettes de porc du Mans, Baguette de pain
ブランダード・ドゥ・モリュ	139	Brandade de morue
サーモンとアボカドのアスピック	142	Aspic de saumon fumé et d'avocat
ドライトマトとフェタ、バジルのケック・サレ	145	Cake salé aux tomates confites, feta et basilic
バリエーション プティット・ミニャルディーズ	148	Petites mignardises aux feta et tomates séchées

Chapitre 3

フランス各地の郷土料理

若鶏のフリカッセ 粒マスタードソース	152	Fricassée de poulet aux grains de moutarde
ポトフ	156	Pot-au-feu
ピカルディ風クレープ	160	Ficelles picardes
フランドル風 牛肉のビール煮込み	164	Carbonnade de bœuf à la flamande
オージュ谷風 鶏肉の煮込み	168	Poulet vallée d'Auge
アルザス風 鶏肉の白ワイン煮	171	Poulet au riesling
バエコッフ	174	Baeckeoffe
ハンガリー風 牛肉のパプリカ煮込み（ハンガリアングラーシュ）	177	Bœuf au paprika à la hongroise
ブルゴーニュ風 ポーチドエッグの赤ワインソース	180	Œuf en meurette à la bourguignonne
ブルゴーニュ風 牛肉の赤ワイン煮 タグリアテル添え	184	Bœuf bourguignon, tagliatelles au beurre
オーヴェルニュ風 ポテ	188	Potée auvergnate
ムール貝のプロヴァンス風	191	Mouclade à la provençale
パエラ	193	Paella
トマトのファルシィ グリンピースとオリーブのリゾット添え	196	Tomates farcies, risotte aux petits pois et olives
プロヴァンス風 牛肉の蒸し煮	201	Daube de bœuf à la provençale
トゥールーズ風 カスレ	204	Cassoulet toulousain

Supplément

付録

フォン・ドゥ・ヴォライユ	210	Fond de volaille
家庭用少量で作るフォン・ドゥ・ヴォライユ	211	Fond de volaille à la façon familiale
フュメ・ドゥ・ポワソン	212	Fumet de poisson
ドゥミグラス	213	Demi-glace
ドゥミグラスのベースとなるエストファッドゥ	214	Fond brun dit estouffade
家庭用少量で作るエストファッドゥ	216	Fond brun dit estouffade à la façon familiale
フレッシュハーブ図鑑	217	Liste des herbes aromatiques
鶏のさばき方	218	Découper un poulet
準備しておくと便利なこと	220	Préparatifs
ポマード状バター、溶かしバター、澄ましバター、ブール・サレ	220	Beurre en pommade, Beurre fondu, Beurre clarifié, Beurre salé
塗り卵、トマトの湯むき、ルー、ブーケガルニ	221	Dorure, Épluchage de tomate, Roux, Bouquet garni
マヨネーズ	222	Mayonnaise
ソース・ベシャメル	223	Sauce béchamel
ソース・パルムザン	224	Sauce parmesane
パータ・パテ	225	Pâte à paté
パン・ドゥ・ミ	228	Pain de mie
パン・ドゥ・カンパーニュ	230	Pain de campagne
フランス料理で使うベーシックな材料と、あると便利な器具	232	Les ingédients et les ustensiles
索引	236	Index
イル・プルー・シュル・ラ・セーヌのご案内	238	IL PLEUT SUR LA SEINE

本書の見方

❶ **フランス語料理名**

❷ **日本語料理名**

❸ **分量や型の大きさ**…基本的に4人分ですが、場合によっては作りやすい量にしています。型や容器単位の場合は、型や容器の大きさを示しています。

❹ **難易度**…4段階の難易度を★マークで示しました。作る際の参考にして下さい。

　★☆☆☆　簡単。手順が簡単で比較的材料も手に入りやすい料理です。

　★★☆☆　比較的簡単。ある程度料理の心得があれば問題なく作れます。

　★★★☆　ちょっと頑張る。材料が多く工程が複雑な部分もありますが、ある程度料理の心得があれば作り方をよく読めば大丈夫です。

　★★★★　難しい。本書の料理を一通り作れるようになったらチャレンジして下さい。

❺ **料理の説明**…料理の由来や説明、材料のポイント、味わって頂きたい季節などを記しています。

❻ **ingrédients**…材料。使う鍋の大きさも書いています。

❼ **notes**…メモ。日本では馴染みのない食材、教室で使っている調味料、代用出来る食材などについての補足説明をしています。

❽ **préparation**…準備。野菜を切る、肉を漬け込むなどの下準備について。前日、前々日など前もって必要な場合は、アイコンで分かりやすく示しています。

❾ **recette**…作り方。材料を加えるタイミングや焼き色、ポイントなどを写真と共に解説しています。

本書のルール
- イル・プルーのルセットゥはg表記が基本です。
- 野菜などは丸ごと茹でて使う場合以外、カットした正味の分量を表記しています。
- 調味料や香辛料は0.1g単位で計量することもしばしば。微量計があると便利です。また調味料や香辛料は使うメーカーなどによって辛さなどが異なりますから必ず味見をすることを忘れないように。
- オーブンは30分前から予熱します（電子レンジオーブンは焼成温度＋20℃、ガスオーブンは焼成温度＋10℃）。メーカーや年式などによって癖があるので、特にクルスタッドゥなどは、焼きあがりの写真に焼き時間を揃え、温度を調節して下さい。
- 茹でた野菜の色止め、ジュレを冷やす、生クリームを泡立てるなどの工程がある場合は、必ず氷水を用意しておきます。
- 料理を盛り付ける器は、温かい料理の場合は50℃くらいのオーブンで温めるか、お湯につけて温めます。冷たい料理の場合は冷蔵庫で冷やしておきます。

本書で使っている基本的な鍋

片手鍋（アルミ製、銅製）　直径9cm、12cm、15cm
フライパン（鉄製）　直径18cm、24cm
両手鍋（浅）（アルミ製、ホウロウ製）　直径26cm
両手鍋（深）（ホウロウ製、銅製）　直径24cm、直径28cm
寸胴鍋（アルミ製）　直径21cm

Chapitre 1

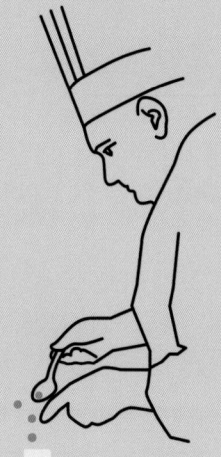

Traiteurs

**Croustades
Canapés
Croques
Pain surprise
Choux**

Traiteur

Croustade Trianon
★★☆☆

Croustade Trianon

トマトとシャンピニオンのクルスタッドゥ

チーズ、シャンピニオン、トマトが見事に調和し、さわやかな豊かさがあります。幅広く好まれ、季節を問わず一年中作ることが出来ます。トマトが入ることで「トゥリアノン風」と呼ばれる伝統的なクルスタッドゥの1つです。

直径 20cm×高さ 3.5cm タルトリング 1 台分
難易度　★★☆☆

ingrédients

パータ・パテ
1 台につき 350g 使用 (⇒P225)

アパレイユ
- 110g　全卵
- 40g　卵黄
- 20g　サワークリーム
- 10g　チーズコンサントレ※1
- 50g　ヨーグルト
- 20g　フロマージュ・ブラン※2
- 60g　生クリーム (35%)
- 50g　牛乳
- 0.5g　塩
- 0.3g　白黒こしょう
- 0.2g　ナツメグ
- 0.4g　ミルクパウダー

トマトソース　24cm フライパン使用
- 15g　オリーブオイル
- 30g　エシャロット
- 15g　にんにく
- 475g　トマト水煮 (缶詰)
  - 果肉…400g
  - 汁…75g
- 1束　ブーケガルニ
  - タイム…3本
  - ローリエ…大1/2枚
  - イタリアンパセリ…4本

A
- 5g　塩
- 6挽　黒こしょう
- 7g　キャソナッドゥ※3
- 7g　レモン汁

ガルニチュール　18cm フライパン使用
- 18g　澄ましバター (⇒P220)
- 260g　シャンピニオン※4
- 2g　塩
- 6挽　白こしょう
- 8g　レモン汁
- 100g　コンテチーズ※5

組み立て
- 20g　エダムチーズのすりおろし

notes

※1　チーズ特有の香りがとても豊かで、風味がとてもよくなります。手に入らなければ入れなくても構いません。
※2　フロマージュ・ブランは牛の乳から作るフランスのフレッシュチーズの一つ。
※3　赤砂糖のこと。トマト水煮 (缶詰)の味をみて酸味を調節するために加えます。
※4　シャンピニオンとはフランス語でマッシュルームのこと。
※5　ハードタイプのチーズです。グリュイエールで代用可。

préparation

(1) 前日に作っておいたパータ・パテを整形し、空焼きする（⇒P226）。

(2) 材料を切る。
トマトソース
エシャロット、にんにく ⇒ みじん切り。
トマト水煮（果肉）⇒ 1cm角に切る。

ガルニチュール
シャンピニオン ⇒ 縦4つに切る。
コンテチーズ ⇒ 1cm角に切る。
エダムチーズ ⇒ チーズおろしですりおろす。

recette

アパレイユを作る。

1 ボウルに全卵と卵黄を入れ、ホイッパーで行ったり来たりの直線で混ぜる。

2 別のボウルにサワークリーム、チーズコンサントレ、ヨーグルト、フロマージュ・ブランを順に入れ、ホイッパーで円を描くように20回ずつ混ぜる。生クリーム、牛乳も加えて混ぜる。

3 1の卵液に2を3回に分けて加え、泡立てないように、ゆっくりと混ぜる。
　全卵、サワークリームは決して一度に混ぜません。固まる力があるのは卵だけなので、卵を十分にのばしてから混ぜて卵液を網の目状に十分に拡散しないと、焼いても固まりません。

4 塩、こしょう、ナツメグを加えて混ぜる。ミルクパウダーも加える（完全に溶けなくてよい）。

　型に流してオーブンに入れるまで、アパレイユは決して温かいところに置かないようにしましょう。アパレイユが温まると生クリームの脂肪分が分離し、焼きあがりが不快な舌触りになります。

Traiteur

Croustade Trianon
★★☆☆

トマトソースを作る。

1 フライパンにオリーブオイルを入れて熱し、エシャロットを加える。弱火で少ししんなりするまでフタをして炒める。にんにくを加え、あまり色をつけない程度に炒める。

2 トマト水煮の果肉と汁、ブーケガルニ、Aを加える。

3 ほとんど汁がなくなりペースト状になるまで7〜8分ほど木べらで底をかいた時ほんの少しだけ水分がにじむまでしっかりと煮詰める。

※ ここで果肉と汁を十分に煮詰めないと、水っぽく、しっかりと固まらない焼きあがりになってしまいます。

ガルニチュールを作る。

1 別のフライパンに澄ましバターを入れて熱し、煙が出てきたらシャンピニオンを加える。キツネ色になり、キュルキュルと音がするまで炒めたら、塩、こしょう、レモン汁を加えて味付けする。こし器にあけて汁気をきる。

おいしい食べ方
ワイン
保存法 → P51

組み立てる。

1 空焼きした**パータ・パテ**に**ガルニチュール**のコンテチーズ、シャンピニオンを順に入れる。

2 トマトソースを入れ、ゴムべらで均一にならす。エダムチーズのすりおろし10gを一面に散らす。

3 **アパレイユ**を縁いっぱいまで流し入れ、トマトソースの間に**アパレイユ**が入り込むようにフォークで隙間を作る。

オーブンに入れる。

　電子レンジオーブン　　　180℃で約40分
　ガス高速オーブン　　　　170℃で約35分
　☆焼き時間の半分で奥と手前を入れ替える

1 10分ほどで表面が少し固まりかけたら、一旦オーブンから出し、エダムチーズのすりおろし10gを一面に散らす。

※ アパレイユを膨らませ過ぎるとアパレイユから乳脂肪が分離しておいしくありません。途中でオーブンから出して冷まし、膨らみを沈めて再びオーブンに入れることで、乳脂肪が分離せず、表面もより平らに焼きあがります。
※ エダムチーズは香りに力を付けるために加えます。

2 表面に明るめの焼き色がつくまで焼く。型ごと網の上で冷ます。

※ 焼いたばかりの熱いうちよりも、一度冷まして1時間くらい経った方が味、香りともによりよく感じられます。食べる時は温め直していただきます（⇒P51）。

Flamiche aux poireaux
ポロねぎのフラミッシュ

Croustade de julienne de légumes au basilic
千切り野菜のクルスタッドゥ　バジル風味

Croustade de saumon et épinards
サーモンとほうれん草のクルスタッドゥ

Croustade de fromage
チーズのクルスタッドゥ

Flamiche aux poireaux

ポロねぎのフラミッシュ

「フラミッシュ」とはポロねぎの千切りを使ったクルスタッドゥのこと。フランス北部、フランドル地方で作られるスペシャリテです。ほんのりとカレーの香りが広がるポロねぎがアパレイユと優しく調和します。

直径20cm×高さ3.5cm タルトリング1台分
難易度　★★☆☆

ingrédients

パータ・パテ
1台につき350g使用（⇒P225）

アパレイユ
- 125g　全卵
- 45g　卵黄
- 23g　サワークリーム
- 11g　チーズコンサントレ※1
- 57g　ヨーグルト
- 23g　フロマージュ・ブラン
- 68g　生クリーム（35％）
- 57g　牛乳
- 1.6g　塩
- 0.3g　白黒こしょう
- 0.2g　ナツメグ
- 0.5g　ミルクパウダー

ガルニチュール　15cm手鍋、18cmフライパン使用
《ポロねぎ》
- 23g　澄ましバター（⇒P220）
- 225g　ポロねぎ
- 75g　生クリーム（35％）
- 1g　塩
- 2挽　白こしょう
- 1.8g　カレー粉

《ベーコン》
- 4g　澄ましバター（⇒P220）
- 66g　ベーコン

組み立て
- 4g　エダムチーズのすりおろし
- 適量　ナツメグ、白黒こしょう

préparation

(1) 前日に作っておいたパータ・パテを整形し、空焼きする（⇒P226）。

(2) 材料を切る。
ガルニチュール
ポロねぎ ⇒ 長さ6～7cmの千切り
ベーコン ⇒ 7mm角の拍子切り

notes
※1　手に入らなければ入れなくても構いません。

Flamiche aux poireaux
★★☆☆

recette

アパレイユを作る。
1 P20「トマトとシャンピニオンのクルスタッドゥ」**アパレイユ**と同様にする。

ガルニチュールを作る。
《ポロねぎ》
1 手鍋に澄ましバターを入れ、ポロねぎを加える。弱火で色をつけないように炒める。しんなりしてきたらフタをして炒める。

2 かなりポロねぎの量が減る。まだ少し歯触りが残るくらいの硬さで、生クリームを加える。

3 塩、こしょう、カレー粉を加え、ポロねぎが生クリームを吸収するまで炒める。

1

2

※ 必ずフタをして炒めます。ポロねぎの芯から十分旨味が出やすくなり、また少し軽いぬめりのある舌触りを活かすことができます。

3

《ベーコン》
4 フライパンに澄ましバターを入れて熱し、ベーコンを加える。表面がカリッとするまで中火で炒めたらこし器にあけて油をきる。

※ バターが多すぎるとベーコンの中まで熱が入り、唐揚げの衣のようにガリガリになってベーコンの味わいも消えてしまうため、表面だけをこんがりと炒めます。

組み立てる。
1 空焼きした**パータ・パテ**に**ガルニチュール**のポロねぎ、ベーコンを順に入れ、エダムチーズのすりおろしを一面に散らす。

2 **アパレイユ**を型の半分まで流し入れる。ポロねぎの間に**アパレイユ**が入り込むようにフォークで隙間を作る。

3 残りの**アパレイユ**を流し入れ、ナツメグ、こしょうをふる。

1

3

オーブンに入れる。
♢♢♢ 電子レンジオーブン　　180℃で約40分
　　 ガス高速オーブン　　　170℃で約35分
　☆焼き時間の半分で奥と手前を入れ替える
1 薄い焼き色がつき、表面に少しシワがより、中心にしっかりとした弾力が感じられるくらいまで焼く。

1

おいしい食べ方
ワイン
保存法　P51

Croustade de julienne de légumes au basilic

千切り野菜のクルスタッドゥ　バジル風味

バジルの香りがとてもさわやかで、春と夏にかけてより一層おいしさが引き立ち、立派なアントレにもなります。おいしく作るためにはもちろん香り高いバジルの葉を選びます。

直径20cm×高さ3.5cm タルトリング1台分
難易度　★★☆☆

ingrédients

パータ・パテ
1台につき350g使用（⇒P225）

アパレイユ
- 121g　全卵
- 45g　卵黄
- 22g　サワークリーム
- 11g　チーズコンサントレ※1
- 56g　ヨーグルト
- 22g　フロマージュ・ブラン
- 60g　生クリーム（35%）
- 60g　牛乳
- 0.5g　塩
- 0.3g　白黒こしょう
- 0.3g　ナツメグ
- 0.5g　ミルクパウダー

ガルニチュール
15cm手鍋、18cmフライパン使用
《にんじん》
- 12g　オリーブオイル
- 200g　にんじん
- 1.5g　塩
- 4挽　白こしょう
- 0.3g　ナツメグ

《ポロねぎ》
- 16g　澄ましバター（⇒P220）
- 200g　ポロねぎ
- 0.8g　塩
- 6～7挽　白こしょう

《シャンピニオン》
- 10g　澄ましバター（⇒P220）
- 10g　オリーブオイル
- 150g　シャンピニオン
- 0.8g　塩
- 4挽　白こしょう
- 8g　レモン汁

組み立て
- 21g　バジル
- 9g　エダムチーズのすりおろし※2
- 3挽　ナツメグ

notes
※1　手に入らなければ入れなくても構いません。
※2　グリュイエールチーズで代用可。

préparation

（1）前日に作っておいたパータ・パテを整形し、空焼きする（⇒P226）。

（2）材料を切る。
ガルニチュール
　にんじん、ポロねぎ ⇒ 2～3mm角、長さ6cmの細すぎない千切り。
　シャンピニオン ⇒ 縦半分、厚さ5mmに切る。
組み立て
　バジル ⇒ 15gは幅7mmの細切り、6gは3mm角のみじん切り。

Traiteur

Croustade de julienne de légumes au basilic
★★☆☆

recette

アパレイユを作る。
1 P20「トマトとシャンピニオンのクルスタッドゥ」アパレイユと同様にする。

ガルニチュールを作る。
《にんじん》
1 手鍋にオリーブオイルを入れて熱し、にんじんを軽く炒める。塩、こしょう、ナツメグをふり、フタをして弱火にし、色をつけないようにさらに炒める。歯がスッと通るくらいが目安。

《ポロねぎ》
2 手鍋に澄ましバターを入れて熱し、ポロねぎを軽く炒める。フタをして弱火にし、同様に色をつけないようにさらに炒める。しんなりとしたら塩、こしょうをする。歯触りが残るくらいが目安。

《シャンピニオン》
3 フライパンに澄ましバターとオリーブオイルを入れて熱し、シャンピニオンを加えて強火で強めの焼き色がつくまで炒める。塩、こしょう、レモン汁を加えて味付けする。こし器にあけて汁気をきる。

4 ボウルに1〜3を入れ、軽く混ぜ合わせる。

組み立てる。
1 空焼きしたパータ・パテにガルニチュールとバジルの細切りを入れる。

2 アパレイユを1/3量流し入れる。ガルニチュールの間にアパレイユが入り込むようにフォークで隙間を作る。残りのアパレイユをパートゥの縁まで流し入れる。

3 表面にバジルのみじん切りとエダムチーズのすりおろしをふりかけて焼く。

オーブンに入れる。
電子レンジオーブン　　170℃で約35分
ガス高速オーブン　　　160℃で約35分
☆焼き時間の半分で奥と手前を入れ替える

1 表面に焼き色がつき、中心にしっかりとした弾力が感じられるくらいまで焼く。

おいしい食べ方
ワイン
保存法　→ P51

Croustade de saumon et épinards

サーモンとほうれん草のクルスタッドゥ

年間を通して作ることができます。焦がしバターで炒めたほうれん草を敷き詰め、マリネしたサーモンの香りとソース・アメリケーヌとサフランを加えたアパレイユの味付けが豊かにマッチします。

直径20cm×高さ3.5cm タルトリング1台分
難易度　★★☆☆

ingrédients

パータ・パテ
1台につき350g使用（⇒P225）

アパレイユ
114g	全卵
42g	卵黄
21g	サワークリーム
11g	チーズコンサントレ※1
53g	ヨーグルト
21g	フロマージュ・ブラン
63g	生クリーム（35%）
53g	牛乳
1.2g	塩
0.3g	白黒こしょう
0.3g	ナツメグ
0.3g	サフランパウダー
0.4g	ミルクパウダー
20g	1/2に煮詰めたソース・アメリケーヌ（缶詰）
3g	セルフィーユ
3g	エストラゴン
3g	シブレット

ガルニチュール　15cm手鍋
《サーモンのマリネ》
250g	サーモン（切り身）
	マリネ液
	レモンの輪切り…5枚
	タイム…2本
	ローリエ…1枚
	リカール※2…2g
	オリーブオイル…50g
	塩…2.5g
	白こしょう…5挽

《ほうれん草》
25g	バター
220g	ほうれん草（冷凍）※3
1.8g	塩
3挽	白こしょう
0.3g	ナツメグ

notes
※1　手に入らなければ入れなくても構いません。
※2　ペルノ・リカール社のアニスリキュールを使用。
※3　日本のほうれん草は歯が浮くようなえぐみがあるため、教室ではフランス産の冷凍ほうれん草を使っています。

préparation

(1) 前日に作っておいた**パータ・パテ**を整形し、空焼きする（⇒P226）。

(2) 材料を切る。
　アパレイユ
　　セルフィーユ、エストラゴン、シブレット ⇒みじん切り。

　ガルニチュール
　　サーモン ⇒厚さ1cmに切る。
　　ほうれん草 ⇒自然解凍させたら太い筋を取り、軽く水分を絞る。

(3) **ガルニチュール**のサーモンをマリネする。バットにマリネ液の半量を入れてサーモンを並べ、残り半量を入れて2時間マリネする。1時間経ったらひっくり返す。

Croustade de saumon et épinards
★★☆☆

recette

アパレイユを作る。

1 P20「トマトとシャンピニオンのクルスタッドゥ」アパレイユと同様にする(サフランパウダーも入れる)。ソース・アメリケーヌにアパレイユを少量とってホイッパーでのばし、アパレイユに戻し入れる。セルフィーユ、エストラゴン、シブレットも加え混ぜ、塩、こしょう、ナツメグで味を調える。

ガルニチュールを作る。
《ほうれん草》

1 手鍋にバターを入れ、中火にかけて焦がしバターを作る。バターの沈殿物に明るめのキツネ色がつくまで焦がす。

2 ほうれん草を加える。塩、こしょう、ナツメグで味を調えたら、鍋底がチリチリと音を立て、しっかりほうれん草が熱くなるまで炒める。

おいしい食べ方
ワイン
保存法　P51

組み立てる。

1 空焼きしたパータ・パテにガルニチュールのほうれん草を入れる。

2 アパレイユをほうれん草の上まで流し入れ、ほうれん草の間にアパレイユが入り込むようにフォークで隙間を作る。

3 マリネしたサーモンを上に並べる。

4 残りのアパレイユを縁までたっぷり流し入れる。

オーブンに入れる。

電子レンジオーブン　　180℃で約40分
ガス高速オーブン　　　170℃で約35分
☆焼き時間の半分で奥と手前を入れ替える

1 表面のところどころに焼き色がつき、しっかりとした弾力が感じられるくらいまで焼く。

Croustade de fromage

チーズのクルスタッドゥ

チーズだけで作る、いかにもフランスの伝統料理らしいクルスタッドゥです。カンタル、コンテ、ボーフォールなどが好んで使われます。チーズの品質が味の決め手ですから熟成具合のよいものを選んでください。

直径20cm×高さ3.5cm タルトリング1台分
難易度　★★☆☆

ingrédients

パータ・パテ
1台につき350g使用 (⇒P225)

アパレイユ
- 110g　全卵
- 40g　卵黄
- 40g　サワークリーム
- 10g　チーズコンサントレ※1
- 50g　ヨーグルト
- 60g　生クリーム (48%)
- 50g　牛乳
- 0.6g　塩
- 0.3g　白黒こしょう
- 0.2g　ナツメグ
- 0.4g　ミルクパウダー
- 適量　パプリカパウダー (クトーの先5mmを3回)※2

ガルニチュール
- 350g　好みのチーズ※3
(カンタル、コンテ、ボーフォールなどを同量ずつ使用)

préparation

(1) 前日に作っておいたパータ・パテを整形し、空焼きする (⇒P226)。

(2) 材料を切る。

ガルニチュール
　チーズ ⇒ それぞれ皮を取り除き、1.5～2cm角に切る。

---

notes
※1　手に入らなければ入れなくても構いません。
※2　ハンガリー産。種子を取り除いたパプリカを乾燥させて粉末にしたもの (写真)。
※3　「カンタル」は牛乳で作った非加熱プレスタイプでフランスではとてもポピュラーなチーズ。「コンテ」は同じく牛乳から作られた加熱プレスタイプでナッツのような甘く香ばしい香りがあり、そのままスライスして食べたり、サラダやサンドイッチにもよく使われるフランスではとても人気があるチーズです。「ボーフォール」もコンテ同様牛乳から作られる加熱プレスタイプで上品でコクのある味わいです。

Traiteur

Croustade de fromage
★★☆☆

recette

アパレイユを作る。
1 P20「トマトとシャンピニオンのクルスタッドゥ」**アパレイユ**と同様にする（フロマージュ・ブランは入らない）。パプリカパウダーを加え、ホイッパーで混ぜ合わせる。

組み立てる。
1 空焼きした**パータ・パテ**に**ガルニチュール**のチーズをまんべんなく敷く。

2 **アパレイユ**を軽く混ぜながら流し入れる。

オーブンに入れる。

電子レンジオーブン　　190℃で約25分
ガス高速オーブン　　　180℃で約22分
☆焼き時間の半分で奥と手前を入れ替える

1 揺すっても中心が動かなくなるくらい弾力のある固まり具合になり、ところどころに焼き色がつくまで焼く。

おいしい食べ方
ワイン　　　P51
保存法

Croustade à l'oignon

玉ねぎのクルスタッドゥ

玉ねぎの甘く深い味わいとロックフォールのカビ香を含んだ味との絡み合いが全てです。玉ねぎは生のものを噛んでみて、味や甘味を十分に感じられるものを選びます。白ワインの香りつけも忘れないように。暖かな膨らみが増します。特に秋と冬の寒い季節のお薦めの料理です。

Traiteur

Croustade à l'oignon
★★☆☆

直径 20cm × 高さ 3.5cm フランキャヌレ型 1 台分
難易度　★★☆☆

ingrédients

パータ・パテ
1台につき350g使用 (⇒P225)

アパレイユ
- 104g　全卵
- 19g　卵黄
- 67g　サワークリーム
- 10g　チーズコンサントレ※1
- 29g　生クリーム (42〜48%)
- 96g　牛乳
- 1.4g　塩
- 0.5g　白黒こしょう
- 0.5g　ナツメグ
- 0.8g　ミルクパウダー

玉ねぎのソテー　15cm手鍋使用
※出来あがりから90g使用
- 80g　バター
- 400g　玉ねぎ
- 1束　ブーケガルニ
    - 乾燥タイム…1.2g
    - ローリエ…小1枚
    - イタリアンパセリ…2本
- 20g　白ワイン
- 少々　塩
- 適量　白ワイン

組み立て
- 43g　ロックフォールチーズの裏ごし
- 25g　グリュイエールチーズのすりおろし
- 各少々　白黒こしょう、ナツメグ

préparation

(1) 前日に作っておいたパータ・パテを整形し、空焼きする (⇒P226)。

(2) 材料を切る。

アパレイユ
ロックフォールチーズ ⇒絹目のこし器で裏ごしする。

玉ねぎのソテー
玉ねぎ ⇒薄切り。

おいしい食べ方
ワイン
保存法
P51

notes
※1　手に入らなければ入れなくても構いません。

recette

玉ねぎのソテーを作る。

1 手鍋にバターを溶かし、玉ねぎを加える。ブーケガルニを加え、ごく弱火で1時間ほど炒める（フタはしない）。玉ねぎの水分が少しずつ蒸発し、量が少なくなってくる。

2 玉ねぎの糖分が少しずつカラメル化し、薄い飴色になり始める。鍋の内側についたカラメル化した糖分は、適量の白ワインを含ませた刷毛で溶かして鍋の中に戻す。ほとんど水分がなくなり、はっきりと甘味が感じられたら、目の粗いこし器にあけて5分ほどおき、バターの油をきる。

3 再び鍋に戻し、白ワインを加えてフタをする。水分がなくなるまでごく弱火で約10分加熱し、ワインの香りと味を移す。冷ましてから玉ねぎの旨味と甘味が十分に浮き立つように塩で味を調え、こし器にあけて油をきる。

△ 玉ねぎを長時間炒めるときは、焦げつかないように必ず厚手の鍋を使います。
△ 少量の玉ねぎを強火で炒めると、旨味が十分に出ないうちに水分が蒸発してしまいます。その場合は水を少し加えて、味に十分幅がでるまで炒めます。
△ この玉ねぎのソテーは倍量で作っても構いません。ピザや他の料理に使うのもいいでしょう。残りは密閉して冷蔵庫で保存すれば、1週間は使用可能です。

アパレイユを作る。

1 P20「トマトとシャンピニオンのクルスタッドゥ」アパレイユと同様にする。ロックフォールチーズの裏ごしにアパレイユを少量とってゴムべらでのばし、アパレイユに戻し入れる。

2 玉ねぎのソテーにアパレイユから220gを少しずつ加え、フォークでほぐす。

組み立てる。

1 空焼きしたパータ・パテに玉ねぎのソテーを加えたアパレイユを流し込む。

2 残りのアパレイユを静かに縁いっぱいまで流し、グリュイエールチーズのすりおろしを約5mmの厚さに表面全体にふりかける。こしょう、ナツメグを全体に軽く挽く。

△ 玉ねぎのソテーが均一になるように。

オーブンに入れる。

| 電子レンジオーブン | 190℃で約36分 |
| ガス高速オーブン | 180℃で約28分 |

☆ 焼き時間の半分で奥と手前を入れ替える

1 かなり濃い焼き色がつくまで焼く。

Croustade d'œufs mollets florentine

フィレンツェ風　ほうれん草と半熟卵のクルタッドゥ

このクルスタッドゥはガルニチュールもソースも火が通っているのが特徴です。アパレイユの代わりにソース・モルネイを使うので、やや重厚な仕上がりになります。卵黄のとろりとした舌触りが味の決め手なので、切り分けた時にポーチドエッグの卵黄がとろりと流れ出すくらいがいい焼き加減です。

Croustade d'œufs mollets florentine

フィレンツェ風 ほうれん草と半熟卵のクルタッドゥ

直径 20cm×高さ 3.5cm タルトリング型 1 台分
難易度 ★★☆☆

ingrédients

パータ・パテ
1台につき 350g 使用 (⇒P225)

ソース・モルネイ　15cm手鍋使用

25g	バター
25g	強力粉
375g	牛乳
23g	卵黄
35g	クレーム・ドゥーブル
15g	生クリーム (42%)
50g	グリュイエールチーズのすりおろし
4g	塩
適量	白こしょう
0.2g	ナツメグ

ガルニチュール　15cm手鍋使用

《ほうれん草》

375g	ほうれん草 (冷凍)
37.5g	バター
30g	クレーム・ドゥーブル
1.8g	塩
3挽	白こしょう
0.3g	ナツメグ

《ポーチドエッグ》

800g	水
80g	白ワインヴィネガー
6個	卵※1

組み立て

30g	グリュイエールチーズのすりおろし

notes
※1　卵はSSサイズを使います。

préparation

(1) 前日に作っておいたパータ・パテを整形し、空焼きする (⇒P226)。

(2) 材料を切る。
ガルニチュール
ほうれん草 ⇒自然解凍させたら太い筋を取り、軽く水分を絞る (⇒P28)。

recette

ソース・モルネイを作る。

1　手鍋にバターを入れ、火にかける。バターが溶けたら強力粉を加え、木べらで混ぜながら薄く色づくまで弱火で炒める。

2　牛乳を少しずつ加え、ホイッパーで混ぜながらさらに加熱する。

3　卵黄、クレーム・ドゥーブル、生クリームをよく混ぜ合わせ、2にとろみが出てソース状になったらこれを混ぜながら少しずつ加える (火はずっと弱火)。

4　卵黄が固まらないようによく混ぜ、沸騰直前で火からおろす。グリュイエールチーズ、塩、こしょう、ナツメグを加える。20℃まで冷ます。

Traiteur

Croustade d'œufs mollets florentine
★★☆☆

おいしい食べ方
ワイン
保存法　P51

ガルニチュールを作る。
《ほうれん草》
1　P29「サーモンとほうれん草のクルスタッドゥ」**ガルニチュール**と同様にほうれん草を炒める。
　※ ここではほうれん草をしんなりするまで1〜2分炒めた後、クレーム・ドゥーブルを加え、水分がなくなるまで煮てから塩、こしょう、ナツメグを加えます。

《ポーチドエッグ》
2　ごく軽くフツフツと沸騰したお湯に白ワインヴィネガーを入れ、中火にする。卵をボウルに割り入れ、黄身を白身で包み込むように鍋にそっと流し込む。

3　約3分茹で、穴あきレードルで氷水にとる。

4　冷めたら乾いたタオルを敷いたバットの上にのせ、水気をきる。

5　ハサミで白身の形を丸く整え、冷蔵庫で冷やす。

組み立てる。
1　空焼きした**パータ・パテ**にほうれん草をまんべんなく敷き詰め、ポーチドエッグを並べる。

2　**ソース・モルネイ**を全体に流し入れ、スプーンでならす。グリュイエールチーズのすりおろしを一面に散らす。

※ 焦げるので縁にはのせないように。

オーブンに入れる。
◎そのまま焼く場合
　電子レンジオーブン　　　230℃で約10分
　ガス高速オーブン　　　　220℃で約10分
◎ソースが冷めてから焼く場合
　電子レンジオーブン
　　　150℃で15分⇒300℃で色づくまで
　ガス高速オーブン
　　　150℃で10分⇒300℃で色づくまで
　☆焼き時間の半分で奥と手前を入れ替える
1　全体が膨らみ、表面に薄く焼き色がつくまで焼く。

Croustade de fruits de mer safranée

海の幸のクルスタッドゥ

エビ、帆立貝、あんこうといった軽やかな味わいの海の幸と、シャンピニオンの取り合わせが素晴らしいハーモニーを見せてくれるオリジナルのクルスタッドゥです。ハーブとサフランのコントラストあふれる香りが、魚介のおいしさを一層引き立ててくれます。

Croustade d'asperges et cuisses de grenouilles

グリーンアスパラガスと蛙のもも肉のクルスタッドゥ

蛙のもも肉とアスパラガスが繊細な味わいを作り出す、独創的な一品。

Croustade de fruits de mer safranée

海の幸のクルスタッドゥ

直径20cm×高さ3.5cm タルトリング型1台分
難易度 ★★☆☆

ingrédients

パータ・パテ
1台につき350g使用 (⇒P225)

アパレイユ
- 100g 全卵
- 40g 卵黄
- 14g サワークリーム
- 7g チーズコンサントレ※1
- 35g ヨーグルト
- 14g フロマージュ・ブラン
- 105g 生クリーム (48%)
- 0.4g 塩
- 0.2g 白黒こしょう
- 0.1g ナツメグ
- 0.4g ミルクパウダー
- 20g 煮詰めたシャンピニオンの煮汁
- 40g 煮詰めたムール貝の煮汁
- 1.6g シブレット
- 1.8g セルフィーユ
- 1.8g ディル
- 0.2g サフランパウダー

ガルニチュール　24cmフライパン、15cm手鍋使用
《海の幸》
- 適量 オリーブオイル
- 150g エビ
- 100g 帆立貝 (貝柱)
- 90g あんこう
- 20g 澄ましバター (⇒P220)
- 20g エシャロット
- 20g 玉ねぎ
- 400g ムール貝
- 100g 白ワイン
- 1束 ブーケガルニ
  - タイム…6本
  - ローリエ…1枚
  - イタリアンパセリ…4本

《シャンピニオン》
- 240g シャンピニオン
- 120g 水
- 30g レモン汁
- 35g バター
- 3g 塩、白こしょう

notes
※1　手に入らなければ入れなくても構いません。

préparation

(1) 前日に作っておいたパータ・パテを整形し、空焼きする (⇒P226)。

(2) 材料を切る。
アパレイユ
　シブレット、セルフィーユ、ディル ⇒みじん切り。
ガルニチュール
　エビ ⇒半分に切る。
　帆立貝 ⇒軽く塩、こしょうをし、厚みを半分にして4つに切る。
　あんこう ⇒軽く塩、こしょうをし、皮と骨を除き、一口大 (2cmくらい) のそぎ切り。
　エシャロット、玉ねぎ ⇒細かいみじん切り。
　シャンピニオン ⇒縦3〜4つに切る。

recette

Croustade fruits de mer safranée
★★☆☆

ガルニチュールを作る。

《海の幸》

1. フライパンにオリーブオイルを入れて熱し、エビ、帆立貝、あんこうを炒めて半分くらい火を通す。こし器にあけて油をきる。
   ⚠ 生の状態で使うと水分が出てパートゥが湿った状態になります。

2. フライパンに澄ましバターを入れて熱し、エシャロットと玉ねぎを加える。柔らかくなり、甘い匂いがして薄い飴色になるまで炒める。

3. ムール貝を加え、さらに白ワイン、ブーケガルニを加える。フタをしてムール貝がやっと口を開くまで煮る。
   ⚠ この時ムール貝は半生の状態でよいです。

4. こし器にあけ、ムール貝と煮汁を取り分ける。こした煮汁は60gに煮詰め、そのうち40gを冷まして使う。
   ⚠ 全部使うと量が多く塩分も濃くなりすぎます。

5. ムール貝は殻からスプーンなどで身を取り出し、ひもを取る（⇒P119）。

《シャンピニオン》

6. 手鍋にシャンピニオン、水、レモン汁、バター、塩、こしょうを入れ、少し身が縮むくらいに煮る。

7. 6の煮汁をこして40gまで煮詰め、そのうち20gを冷まして使う。

アパレイユを作る。

1. P20「トマトとシャンピニオンのクルスタッドゥ」アパレイユと同様にする。ガルニチュールの煮汁2種、シブレット、セルフィーユ、ディル、サフランパウダーを加えて混ぜる。

組み立てる。

1. 空焼きしたパータ・パテにガルニチュールのシャンピニオンを並べる。その上にエビ、帆立貝、あんこうを並べ、一番上にムール貝をおく。

2. アパレイユを流し入れる。

オーブンに入れる。

♨♨♨ 電子レンジオーブン　　180℃で約40分
　　　ガス高速オーブン　　　170℃で約40分
　☆焼き時間の半分で奥と手前を入れ替える

1. 全体が膨らみ、表面のところどころに焼き色がついたらオーブンから出す。

おいしい食べ方
ワイン
保存法　→ P51

Croustade d'asperges et cuisses de grenouilles

グリーンアスパラガスと蛙のもも肉のクルスタッドゥ

直径 20cm×高さ 3.5cm タルトリング 1 台分
難易度　★★☆☆

ingrédients

パータ・パテ
1 台につき 350g 使用（⇒P225）

アパレイユ
- 110g　全卵
- 40g　卵黄
- 20g　サワークリーム
- 10g　チーズコンサントレ[※1]
- 50g　ヨーグルト
- 20g　フロマージュ・ブラン
- 60g　生クリーム（35%）
- 50g　牛乳
- 0.5g　塩
- 0.3g　白黒こしょう
- 0.2g　ナツメグ
- 0.4g　ミルクパウダー
- 7g　エストラゴン
- 1.4g　塩

ガルニチュール　24cm 銅ボウル、24cm フライパン使用
《アスパラガス》
- 21g　澄ましバター（⇒P220）
- 210g　アスパラガス
- 1g　塩
- 9挽　白こしょう

《蛙のもも肉》
- 18g　澄ましバター（⇒P220）
- 9g　オリーブオイル
- 30g　エシャロット
- 12g　にんにく
- 435g　蛙のもも肉[※2]
- 20g　白ワイン
- 3.6g　塩
- 3g　コリアンダーの葉

notes
※1　手に入らなければ入れなくても構いません。
※2　蛙のもも肉は串刺しの状態で売られています。

préparation

（1）前日に作っておいた**パータ・パテ**を整形し、空焼きする（⇒P226）。

（2）材料の下準備をする。
アパレイユ
　エストラゴン ⇒ 細かく刻む。
ガルニチュール
　アスパラガス ⇒ 茎の硬いところをピーラーでむく。銅ボウルで硬めに塩茹でし、氷水にとって冷やしたら、穂先から 4〜5cm のところで切り、茎の部分はさらに長さ 1〜1.5cm に切る。
　蛙のもも肉 ⇒ 足先と胴体は取り除く。
　エシャロット、コリアンダーの葉 ⇒ 細かく刻む。
　にんにく ⇒ つぶしてからみじん切り。

Traiteur

Croustade d'asperge et
cuisses de grenouilles
★★☆☆

recette

アパレイユを作る。

1 P20「トマトとマッシュルームのクルスタッドゥ」の**アパレイユ**と同様にする。エストラゴンと塩も加え混ぜる。

ガルニチュールを作る。

《アスパラガス》

1 フライパンに澄ましバターを入れて熱し、アスパラガスを加えて炒める。仕上げに塩、こしょうで味を調える。

《蛙のもも肉》

2 フライパンに澄ましバターとオリーブオイルを入れて熱し、エシャロットを加える。続いてにんにくを加え、軽く色がつき香りが出てくるまで炒める。

3 蛙のもも肉を加え、軽く色づくまで炒める。白ワイン、塩を加え、最後にコリアンダーの葉を加える。そのまま少し粗熱をとる。

4 まだ温かいうちにもも肉から骨をていねいに外して軽く身をほぐす。

組み立てる。

1 空焼きした**パータ・パテ**に**ガルニチュール**の蛙のもも肉を入れる。続いて1〜1.5cm角に切ったアスパラガスを並べる。

2 **アパレイユ**を型の半分まで流し入れる。**ガルニチュール**に**アパレイユ**が入り込むようにフォークで隙間を作る。

3 **ガルニチュール**が隠れるくらいまで**アパレイユ**を流し入れ、アスパラガスの穂先を放射状に並べる。

4 残りの**アパレイユ**を縁いっぱいまで流し入れる。

オーブンに入れる。

♦♦♦ 電子レンジオーブン　　190℃で20〜25分
　　　ガス高速オーブン　　　180℃で20〜25分
　　　☆焼き時間の半分で奥と手前を入れ替える

1 ところどころに明るい焼き色がつくまで焼く。
⚠ 焼きすぎてアパレイユがぱさぱさにならないように。

おいしい食べ方
ワイン
保存法　→ P51

Croustade d'œufs brouillés aux œufs de saumon

いくらとスクランブルエッグの小さなクルスタッドゥ

軽くつまむのにピッタリの小さなフール・サレです。彩りもにぎやか。
カナッペなどと一緒にパーティーメニューで出すのにもむいています。
湯煎で作るスクランブルエッグだけでも十分おいしく、朝食メニューにもピッタリです。

上口径 4.5cm × 底径 2.5cm × 高さ 1.2cm タルトレット型 12 個分
難易度　★☆☆☆

> おいしい食べ方
> ワイン
> 保存法　→ P51

Traiteur

Croustade d'œufs brouillés aux œufs de saumon
★☆☆☆

ingrédients

パータ・パテ
1個につき5g使用（⇒P225）

スクランブルエッグ
15cm手鍋、20cmフライパン使用
- 150g　全卵（3個分）
- 9g　生クリーム（35%）
- 25g　溶かしバター（⇒P220）
- 1.5g　塩
- 0.8g　白こしょう
- 0.9g　シブレット

仕上げ
- 36粒　いくら

préparation

(1) 前日に作っておいた**パータ・パテ**を厚さ3mmにのし、直径5cmの抜き型で抜く。

(2) タルトレット型に敷き込み、プティクトーで数ヵ所刺す。

(3) 直径3.5cmのタルトレット型を上にのせ、190℃のオーブンで3分30秒空焼きする。途中パートゥが浮いてきたら手で押さえる。

(4) 焼けたら刷毛で卵黄（分量外）を塗る。型から外す。

(5) 材料を切る。
スクランブルエッグ
　シブレット ⇒ 小口から2〜3mmに切る。

recette

スクランブルエッグを作る。

1　ガラスボウルに全卵、生クリーム、溶かしバター16g、塩、こしょうを入れ、よくほぐす。手鍋に移す。

2　フライパンにお湯をはり、その上に手鍋を入れ、ゴムべらでゆっくり混ぜながら湯煎にかけて加熱する。

3　ある程度卵がまとまってきたら一旦火からおろし、溶かしバター9gを加える。

4　さらに湯煎にかけ、ほぼ固まりかけたところで湯煎からおろし、塩、こしょう、シブレットの順に加える。

仕上げる。

1　空焼きした**パータ・パテ**に**スクランブルエッグ**を入れ、いくらを飾る。

Croustade de moules au curry

ムール貝のクルスタッドゥ　カレー風味

アペリティフのおつまみにもぴったりのフール・サレです。ムール貝のマリニエールもほうれん草のソテーも、カレー風味のソースも、それぞれが単体でもしっかり調理されているので、それだけで食べてもおいしいです。

上口径 4.5cm×底径 2.5cm×高さ 1.2cm のタルトレット型 10〜12 個分
難易度　★★☆☆

Traiteur

Croustade de moules au curry
★★☆☆

ingrédients

パータ・パテ
1個につき5g使用 (⇒P225)

ガルニチュール
15cm手鍋、24cmフライパン使用
《ムール貝》
- 20g　澄ましバター (⇒P220)
- 20g　エシャロット
- 20g　玉ねぎ
- 400g　ムール貝
- 100g　白ワイン
- 1束　ブーケガルニ
    - タイム…6本
    - ローリエ…1枚
    - イタリアンパセリ…4本
- 適量　白こしょう

《ほうれん草》
- 25g　バター
- 220g　ほうれん草（冷凍）
- 1.8g　塩
- 3挽　白こしょう
- 0.3g　ナツメグ

ソース・カリー　12cm手鍋使用
- 50g　煮詰めたムール貝の煮汁
- 50g　生クリーム（42%）
- 5g　バター
- 6g　ルー (⇒P221)
- 1g　カレー粉
- 適量　白こしょう

préparation

(1) P45「いくらとスクランブルエッグの小さなクルスタッドゥ」Préparation (1)〜(4) と同様にする。

(2) 材料を切る。
ガルニチュール
エシャロット、玉ねぎ ⇒みじん切り。
ほうれん草 ⇒自然解凍させたら太い筋を取り、軽く水分を絞る (⇒P28)。

recette

ガルニチュールを作る。
《ムール貝》
1 フライパンに澄ましバターを入れて熱し、エシャロットと玉ねぎを加える。甘い匂いがして薄い飴色になるまで3〜4分炒める。ムール貝を加え、さらに白ワイン、ブーケガルニを加える。フタをしてムール貝がやっと口を開くまで煮る。こしょうをする。

2 こし器にあけ、ムール貝と煮汁を取り分ける。煮汁はこして50gに煮詰める。

《ほうれん草》
3 P29「サーモンとほうれん草のクルスタッドゥ」**ガルニチュール**と同様にほうれん草を炒める。

ソース・カリーを作る。
1 手鍋にムール貝の煮汁を入れて火にかける。生クリーム、バター、ルー、カレー粉、こしょうを加え、ホイッパーでよく混ぜる。

仕上げる。
1 空焼きした**パータ・パテ**に**ガルニチュール**のほうれん草を入れ、その上にムール貝をのせる。

2 **ソース・カリー**をスプーンでかける。

おいしい食べ方 / ワイン / 保存法　P51

Croustade d'œuf mollet Lucullus

ルキュルス風　半熟卵のクルスタッドゥ

「ルキュルス風」とはトリュフやフォワグラを用いた料理のこと。
ペリゴール地方はトリュフやフォワグラの産地であり、香り高いマデラ酒とドゥミグラス、
トリュフを使ったソース・ペリグーは、トリュフやフォワグラとよく合います。

直径6cm×高さ4cm セルクル6個分
難易度　★★★☆

Traiteur

Croustade d'œuf mollet Luculus
★★★☆

ingrédients

パータ・パテ
1個につき50g使用（⇒P225）

ガルニチュール　15cm 手鍋使用
《ポーチドエッグ》
　　800g　水
　　 80g　白ワインヴィネガー
　　 6個　卵※1
《ムース・ドゥ・フォワ》
　　108g　ムース・ドゥ・フォワ（1枚18g）※2

ソース・ペリグー・アン・ジュレ　12cm 手鍋使用
　　1/2枚　板ゼラチン※3
60g→15g　煮詰めたマデラ酒
　　120g　ドゥミグラス（⇒P213）
　　適量　ルー（⇒P221）
　　適量　黒こしょう
　　2.5g　ジュー・ドゥ・トリュフ※4

ソース・ヴィネグレット
　　5g　シェリー酒ヴィネガー
　　5g　赤ワインヴィネガー
　　40g　ピーナッツオイル
　　適量　塩、白こしょう、ジュー・ドゥ・トリュフ

組み立て
　　適量　ソース・ペリグー・アン・ジュレ（⇒上記）
　　2.4g　トリュフ（1枚0.4g）

盛り付け
　　5枚　葉野菜※5
　　　　　グリーンカール…3枚
　　　　　サニーレタス…2枚

préparation

（1）前日に作っておいた**パータ・パテ**を厚さ3mmにのし、直径13cmの抜き型で抜く。

（2）セルクルに敷き込む。上部を5mmくらい出してハサミで切り揃え、指でつまんで形を整える。冷蔵庫で1時間休ませる。 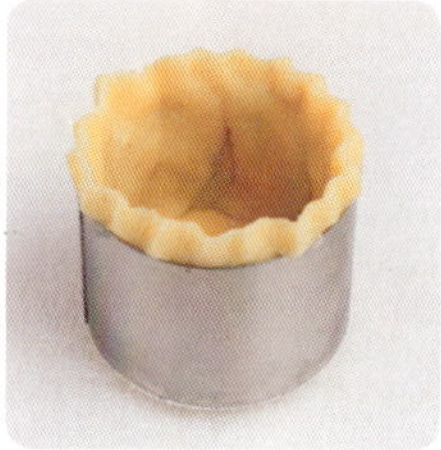
⚠ 底の角が丸くならないように型にしっかりとパートゥが入っている状態に敷き込みます。

（3）アルミホイルを中に敷き、重石（予熱はしない）を縁いっぱいまで入れ、180℃のオーブンで20〜25分、底の内側に焼き色がつくまで空焼きする。
⚠ 縁の焼き色が濃くなったらベーキングシートをかぶせて焼きます。

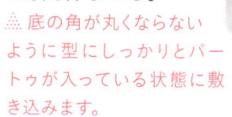

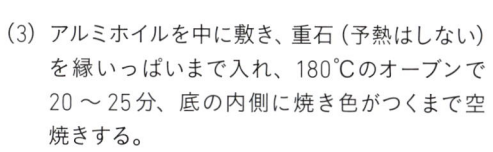

（4）重石を入れたまま冷ます。冷めたら重石を取り出し、刷毛でパートゥの内側に卵黄（分量外）を塗る。型から外す。

（5）板ゼラチンは冷水（分量外）に浸けてふやかしておく。

notes

※1　卵はSSサイズを使います。
※2　本書ではアルカンまたはジェンセンのレバーパテを使っています。
※3　グランベルドイツ板ゼラチンゴールドエキストラを使っています。
※4　フレッシュトリュフがひたひたにかぶる量になるようにマデラ酒、フルーツアルコール（ホワイトリカー）、ジュー・ドゥ・ビアンドを同割で混ぜ密閉容器に入れて冷蔵庫で保存。手に入らない場合はトリュフ・エッセンスで代用可。手に入らなければ入れなくても構いません。
※5　葉野菜なら何を使っても構いません。

おいしい食べ方
ワイン
保存法
P51

recette

ガルニチュールを作る。

1 ポーチドエッグを作り、よく冷やす（⇒P37）。
2 ムース・ドゥ・フォワは、よく冷やしてから直径4cmの抜き型で抜く（2-a）か、スプーンにとり大体直径4cmくらいの大きさに成形する（2-b）。

ソース・ペリグー・アン・ジュレを作る。

1 手鍋にドゥミグラスを入れ、火にかける。15gに煮詰めたマデラ酒を加える。
2 縁についたドゥミグラスを刷毛できれいに取りながら80gまで煮詰め、ルー、ふやかしておいたゼラチン、こしょうを加える。火を止めてジュー・ドゥ・トリュフを加え、ボウルに移して氷水にあてる。
3 とろみをつけ、ポーチドエッグの上にかけて全体を固まらせる。

ソース・ヴィネグレットを作る。

1 ボウルに材料を入れ、ホイッパーで混ぜ合わせる。

組み立てる。

1 空焼きしたパータ・パテの中にガルニチュールのムース・ドゥ・フォワ、ポーチドエッグを順に入れる。
2 その上からさらにソース・ペリグー・アン・ジュレを刷毛で塗り、トリュフをのせる。

盛り付ける。

1 皿にクルスタッドゥをおき、葉野菜を添え、ソース・ヴィネグレットを回しかける。

Rubriques
1

クルスタッドゥに共通の
おいしい食べ方、おすすめワイン、保存法

基本のパートゥはいずれも塩味のパータ・パテを使ったものです。ロレーヌ地方のキッシュ・ロレーヌ、ピカルディ地方のポロねぎのフラミッシュ、その他様々なガルニチュールをのせパータ・パテと共に焼き上げたものの総称を「クルスタッドゥ」と呼びます。コースの前菜として、サラダを添えて簡単な食事として、またビュッフェパーティーのメニューとして、サービスの形に合わせて様々に作ることが出来ます。

おいしい食べ方

基本的にクルスタッドゥは焼いたばかりの熱いうちよりも、一度冷まして1時間くらい経った方が味、香りともによりよく感じられます。食べる時は150℃のオーブンで10分温めます。一旦オーブンから取り出し、竹串を中心に刺して約10秒おいてから唇にあて、温まっているかどうかを確認します。「チーズのクルスタッドゥ」（⇒P30）などは角切りチーズが溶けだすくらいがおいしい食べ頃です。あまりオーブンに入れ過ぎると表面が乾燥してパサパサになってしまうので、温め過ぎには気をつけて下さい。
但し「ルキュルス風半熟卵のクルスタッドゥ」（⇒P48）の場合は冷蔵庫から出して10℃に戻してから頂きます。

おすすめワイン

ここで紹介したクルスタッドゥは全て、軽めの赤ワイン（ボジョレーなど）または白ワインと合わせるのがおすすめです。「サーモンとほうれん草のクルスタッドゥ」（⇒P28）のように魚がメインのクルスタッドゥであれば、辛口の白も合います。
またフランス東部・ロレーヌ地方のスペシャリテである「キッシュ・ロレーヌ」（『ちょっと正しく頑張ればこんなにおいしいフランスの家庭料理』掲載）は、お隣のアルザス地方のワイン（リースリングやシルヴァネー）などと合わせてみてもいいでしょう。

保存法

常温で2日ほど（真夏などは冷蔵庫。温め直す時に少し常温に戻してから温めます）。
但し、魚介類を使っている「海の幸のクルスタッドゥ　サフラン風味」（⇒P38）や「ムール貝のクルスタッドゥ」（⇒P46）、「いくらとスクランブルエッグの小さなクルスタッドゥ」（⇒P44）などはなるべくその日のうちに食べた方がおいしいです。

Canapés
カナッペ10種

Canapés d'œufs de caille

うずらの卵

カリカリのクルトンにフォワグラのムースとうずらの卵の目玉焼きをのせて。

直径5cm　8個分
難易度　★☆☆☆

Traiteur

Canapés
d'œufs de caille
★☆☆☆

ingrédients

クルトン
- 適量　パン・ドゥ・ミ（⇒P228）
- 適量　溶かしバター（⇒P220）

- 8個　うずらの卵
- 適量　塩、白こしょう
- 24g　ムース・ドゥ・フォワ（⇒P49）

préparation

（1）パン・ドゥ・ミの両側に8mm厚さの棒をあて、波刃包丁で2枚スライスし、直径5cmの抜き型で8枚抜く（1枚から4枚取れる）。

（2）両面に溶かしバターを塗り、170℃のオーブンで15分、濃いめのキツネ色になるまで焼く。

（3）モンブラン型（上口径6.5×底径3.7cm）にバターを塗り、160℃のオーブンで温めておく。

recette

1　モンブラン型にうずらの卵を入れ、160℃のオーブンに1〜2分入れる。表面が白くなって卵黄が半熟になったら出す。塩、こしょうをし、冷ます。
※うずらの卵は殻の上部をカットして器に入れてから型に入れます。

2　パン・ドゥ・ミにムース・ドゥ・フォワを塗る。

3　うずらの目玉焼きをのせる。

おいしい食べ方
ワイン　P63

Canapés d'aspics au foie de volaille

鶏レバーと野菜のアスピック

鶏レバーと野菜をシェリー酒をきかせたジュレで固めたアスピック（ゼリー寄せ）を載せたカナッペです。彩りもきれい。

直径5cm　8個分
難易度　★★☆☆

ingrédients

クルトン
- 適量　パン・ドゥ・ミ（⇒P228）
- 適量　溶かしバター（⇒P220）
- 適量　ブール・サレ（⇒P220）

アスピック　15cm手鍋、18cmフライパン使用

《カリフラワー》
- 65g　カリフラワー
- 250g　水
- 0.2g　塩

《鶏レバー》
- 50g　鶏レバー
- 2つまみ　塩
- 2挽　白こしょう
- 5g　澄ましバター（⇒P220）

《ズッキーニ》
- 1本　ズッキーニ
- 適量　水、塩

《にんじん》
- 小1本　にんじん
- 適量　水、塩

《ジュレ》
- 145g　カリフラワーの茹で汁
- 7g　アスピックジュレパウダー[※1]
- 2g　板ゼラチン
- 10g　シェリー酒

notes
※1　マギーのジュレ専用パウダーを使用。フランスと日本では同じマギーのジュレ専用パウダーでも味わいに差がありますが、ジュレの固まり方は同じです。

おいしい食べ方　ワイン　**P63**

préparation

(1) パン・ドゥ・ミを8mm厚さに2枚スライスし、直径5cmの抜き型で8枚抜く（1枚から4枚取れる）。

(2) P53「うずらの卵」Préparation (2)(3)と同様にクルトンを作る。

(3) アスピックの下準備をする。
<u>カリフラワー</u> ⇒塩茹でして2cmくらいの小房に切る。16切れ用意する。茹で汁もとっておく。
<u>鶏レバー</u> ⇒筋を取り、塩、こしょうをする。フライパンに澄ましバターを入れて熱し、中火で焼く。冷めてから1.7cm角に切る。16切れ用意する。
<u>ズッキーニ、にんじん</u> ⇒直径9mmのボーラーでズッキーニは40個、にんじんは32個抜く。塩茹でして冷水にとる。
<u>板ゼラチン</u> ⇒冷水（分量外）に浸けてふやかしておく。

(4) 茹でた野菜は冷蔵庫で冷やしておく。

recette

アスピックを作る。

1 ジュレを作る。手鍋にカリフラワーの茹で汁、ジュレパウダー、ふやかしたゼラチンを入れて溶かす。氷水につけて40℃くらいに冷ましてからシェリー酒を加える。

2 ジュレカップ（上口径4cm×底径3.5cm×高さ1.5cm）に1のジュレを2〜3mmの厚さまで流し入れ、冷蔵庫で冷やし固める。

3 2にレバー2切れ、カリフラワー2切れ、ズッキーニ5個、にんじん4個ずつ入れ、少し冷やしてとろみをつけたジュレを上まで流し入れる。冷蔵庫で2〜3時間冷やし固める。

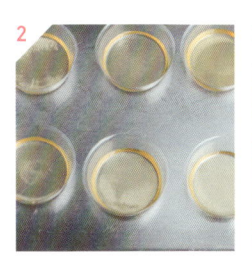

仕上げる。

1 カップを熱めのお湯に約10秒つけてから外し、バットの上に並べる。

⚠ カップから取り出してすぐにクルトンにのせると、溶けたジュレがクルトンにしみこんでしまいます。

2 クルトンにブール・サレを薄く塗り、1をパレットナイフでのせる。

Traiteur

Canapés d'aspics au foie de volaille
★★☆☆
au parmesan
★☆☆☆

Canapés au parmesan
パルムザン

こくのあるソース・パルムザンとグリュイエールチーズにくるみの食感が加わります。

直径5cm　8個分
難易度　★☆☆☆

ingrédients

適量　パン・ドゥ・ミ（⇒P228）

80g　ソース・パルムザン（⇒P224）
32g　グリュイエールチーズのすりおろし
8個　くるみ（半割）

préparation

(1) パン・ドゥ・ミを8mm厚さに2枚スライスし、直径5cmの抜き型で8枚抜く（1枚から4枚取れる）。

recette

1 パン・ドゥ・ミにソース・パルムザンを絞り、パレットでこんもりとドーム状に整える。

2 グリュイエールチーズをフォークでほぐしながらふわりとのせ、くるみを飾る。

Canapés de crevettes et tomates

小エビとトマト

トマトの酸味がエビとほどよく合います。

直径5cm　8個分
難易度　★☆☆☆

ingrédients

適量　パン・ドゥ・ミ（⇒P228）

ブール・トマト
※出来あがりから30g使用

50g　バター
10g　トマトペースト
0.4g　塩
6g　コニャック

24尾　小エビ

適量　マヨネーズ（⇒P222）
適量　トマトペースト
適量　ブール・サレ（⇒P220）
1個　オリーブ（ブラック）

préparation

(1) パン・ドゥ・ミを8mm厚さに2枚スライスし、直径5cmの抜き型で8枚抜く（1枚から4枚取れる）。

(2) 材料の下準備をする。
　小エビ ⇒ 1.4%の塩を加えたお湯で1〜2分塩茹でする。
　オリーブ ⇒ 小さく丸く8枚分切る（または直径7mmの抜き型で8枚抜く）。

(3) 紙でコルネを作る。

recette

ブール・トマトを作る。
1　バターをポマード状に柔らかくし、他の材料を加えて混ぜる。

仕上げる。
1　パン・ドゥ・ミにブール・トマトを厚めに塗る。

2　小エビを放射状に3個並べ、紙で作ったコルネでマヨネーズを小エビの間に3ヵ所絞る。その上にコルネでトマトペーストを絞る。

3　コルネでブール・サレを中央に大きめに絞り出し、オリーブをのせる。

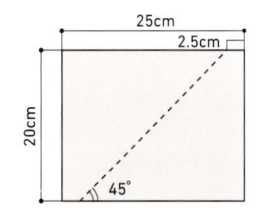

① 20cm×25cmの長方形の紙を図の点線位置で切る。

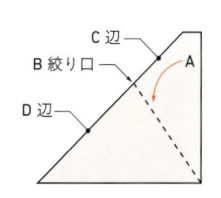

② 図のB点を中心に、紙のA側から円錐形に中に3回巻き込む。

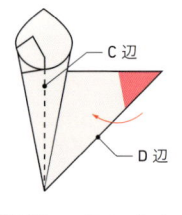

③ 最後にC辺とD辺を合わせる。

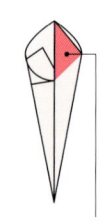

④ この部分を中に折り込み、ずれないように止める。

Canapés saucisson
サラミ

ブール・サレとサラミのシンプルなカナッペです。

直径5cm　8個分
難易度　★☆☆☆

ingrédients

適量	パン・ドゥ・ミ（⇒P228）
適量	ブール・サレ（⇒P220）
8切れ	サラミ
1個	オリーブ（グリーン）

préparation

(1) パン・ドゥ・ミを8mm厚さに2枚スライスし、直径5cmの抜き型で8枚抜く（1枚から4枚取れる）。

(2) 材料を切る。
　オリーブ ⇒ 小さく丸く8個分切る（または直径7mmの丸抜き型で8個抜く）。

recette

1　パン・ドゥ・ミにブール・サレを厚めに塗る。

2　サラミを直径3cmの丸抜き型で抜く。
　※抜いた残りは「キャビア」で型として使います。

3　パン・ドゥ・ミにサラミをのせ、ブール・サレを紙で作ったコルネに入れ、サラミの上に絞る。オリーブをのせる。

Canapés caviar
キャビア

キャビアまたはランプフィッシュの卵をのせて豪華な一品に。

直径5cm　8個分
難易度　★☆☆☆

ingrédients

適量	パン・ドゥ・ミ（⇒P228）
適量	ブール・サレ（⇒P220）
適量	キャビア（またはランプフィッシュの卵）
1 1/3枚	レモンの輪切り

préparation

(1) パン・ドゥ・ミを8mm厚さに2枚スライスし、直径5cmの抜き型で8枚抜く（1枚から4枚取れる）。

recette

1　パン・ドゥ・ミを8mm厚さに2枚スライスし、直径5cmの抜き型で8枚抜く（1枚から4枚取れる）。

2　キャビアを入れ、パレットナイフできれいにならす。

3　サラミを外し、小さく切ったレモンを飾る。

Traiteur

Canapés
de crevettes et tomates
★☆☆☆
saucisson
★☆☆☆
caviar
★☆☆☆

Canapés de mousse de sole aux herbes

舌平目のムース　香草風味

舌平目を使った魚のムースに香草を加え、味わい豊かにしました。
平目やカレイなどでもおいしく出来ます。

直径5cm　8個分
難易度　★★★☆

ingrédients

適量	パン・ドゥ・ミ（⇒P228）

サフラン風味のマヨネーズ
- 適量　マヨネーズ（⇒P222）
- 適量　サフランパウダー
   （クトーの先5mmを1〜2回）

舌平目のポピエット
- 50g　舌平目
- 21g　全卵
- 6g　卵白
- 14g　クレーム・ドゥーブル
- 5g　生クリーム（35%）
- 8g　バター
- 適量　カイエンヌペッパー
   （クトーの先5mmを1〜2回）
- 3.2g　シブレット
- 1.8g　エストラゴン
- 1.4g　セルフィーユ
- 0.6g　塩
- 適量　白しょう
- 1枚　舌平目のフィレ（350g）
- 1g　塩
- 適量　白こしょう

クール・ブイヨン
- 1ℓ　水
- 220g　白ワイン
- 1束　ブーケガルニ
   - タイム…4本
   - ローリエ…1/2枚
   - イタリアンパセリ…15g
- 13g　粗塩
- 4g　粒白こしょう
- 140g　玉ねぎ

ジュレ
- 285g　お湯
- 12g　アスピックジュレパウダー
- 2.5g　板ゼラチン
- 25g　シェリー酒

飾り付け
- 適量　ライムの皮、レモンの皮

préparation

（1）パン・ドゥ・ミを8mm厚さに2枚スライスし、直径5cmの抜き型で8枚抜く（1枚から4枚取れる）。

（2）材料を切る。

舌平目のポピエット
セルフィーユ、エストラゴン ⇒みじん切り。
シブレット ⇒小口から2〜3mmに切る。
舌平目 ⇒2cm角に切り、半分凍らせる。
ライムの皮、レモンの皮 ⇒千切り。

クール・ブイヨン
玉ねぎ ⇒2cm角くらいに切る。

（3）ジュレに使う板ゼラチンは冷水（分量外）に浸けてふやかしておく。

recette

Traiteur

Canapés de mousse de sole aux herbes
★★★☆

サフラン風味のマヨネーズを作る。
1 マヨネーズにサフランパウダーを加えて混ぜる。

舌平目のポピエットを作る。
1 舌平目をフードプロセッサーにかける。大体挽けたところで全卵の1/2量を加えて挽く。さらに残りの全卵と卵白を加えて挽く。

2 裏ごしし、温かい場合は少しだけ氷水にあてて冷やし、クレーム・ドゥーブル、生クリーム、ポマード状にしたバターを加える。さらに氷水で冷やし、カイエンヌペッパー、シブレット、エストラゴン、セルフィーユを加えて混ぜる。塩、こしょうで味を調える。

3 舌平目のフィレに塩、こしょうをし、**2**を1/2量ずつのせて巻き、ラップで包んで両端をタコ糸で縛る。

4 手鍋に**クール・ブイヨン**の材料を入れて火にかける。**3**を入れて12〜13分茹でる。
   ※ オーブンを使う場合は、電子レンジオーブンは200℃で17〜20分、ガス高速オーブンは180℃で16〜17分。しっかりとした弾力が感じられるくらいが目安。

5 しっかり冷ましてから、厚さ7〜8mmに切る。

ジュレを作る。
1 お湯にジュレパウダーとふやかしたゼラチンを加えて溶かす。

2 冷めてからシェリー酒を加える。氷水にあてて冷やし、少しとろみをつける。

仕上げる。
1 パン・ドゥ・ミに**サフラン風味のマヨネーズ**を塗る。

2 **舌平目のポピエット**をのせ、刷毛でジュレを塗る。

3 ライムの皮とレモンの皮をのせる。

Canapés au crabe
アボカドのムースとカニ

彩りもきれいなアボカドのムースとカニのカナッペです。

直径5cm　8個分
難易度　★★☆☆

ingrédients

- 適量　パン・ドゥ・ミ（⇒P228）
- 適量　ブール・サレ（⇒P220）
- 適量　マヨネーズ（⇒P222）

アボカドのムース
- 250g　アボカド
- 数滴　レモン汁
- 適量　塩、白こしょう、カイエンヌペッパー
- 4g　板ゼラチン
- 100g　生クリーム

ジュレ
- 285g　お湯
- 12g　アスピックジュレパウダー
- 2.5g　板ゼラチン
- 25g　シェリー酒

仕上げ
- 適量　カニの身（缶詰）
- 適量　いくら

préparation

(1) パン・ドゥ・ミを8mm厚さに2枚スライスし、直径5cmの抜き型で8枚抜く（1枚から4枚取れる）。

(2) **アボカドのムース**の材料はすべてよく冷やしておく。**アボカドのムース**と**ジュレ**に使う板ゼラチンはそれぞれ冷水（分量外）に浸けてふやかしておく。

(3) カニの身をほぐす。

recette

アボカドのムースを作る。

1. アボカドは皮をむいて裏ごしし、レモン汁、塩、こしょう、カイエンヌペッパーを加える。ふやかしたゼラチンを湯煎で溶かして加え、ホイッパーでよく混ぜる。

2. 9分立てにした生クリームをひとすくい加え、よく混ぜてから残りを加える。ボウルごと氷水にあててよく混ぜる。

仕上げる。

1. パン・ドゥ・ミにブール・サレを厚めに塗り、その上にマヨネーズを塗る。

2. 直径10mmの丸口金をつけた絞り袋に**アボカドのムース**を入れて絞る。

3. ムースの周りにほぐしたカニの身をおき、ムースの上にいくらを飾る。

Canapés aux pointes d'asperges
アスパラガスの穂先

マヨネーズ・ヴェルトゥとホワイトアスパラガス。
トマトペーストで描くリボンがアクセント。

5cm角　8個分
難易度　★☆☆☆

Traiteur

Canapés
au crabe
★★☆☆
aux pointes d'asperges
★☆☆☆

ingrédients

- 適量　パン・ドゥ・ミ（⇒P228）
- 適量　ブール・サレ（⇒P220）
- 8本　ホワイトアスパラガス（缶詰）
- 適量　トマトペースト

マヨネーズ・ヴェルトゥ
- 60g　マヨネーズ（⇒P222）
- 16g　サラダ菜

préparation

(1) パン・ドゥ・ミを8mm厚さに2枚スライスし、耳を切り落とし、5cm角に4枚切り分ける。もう一枚も同様に切る。

(2) 材料を切る。
　　ホワイトアスパラガス ⇒長さ4cmくらいに切る。
　　中央の穂先は少し長めに切る。
　　サラダ菜 ⇒みじん切り。

おいしい食べ方
ワイン　P63

recette

マヨネーズ・ヴェルトゥを作る。
1　マヨネーズにみじん切りにしたサラダ菜を混ぜる。

仕上げる。
1　パン・ドゥ・ミにブール・サレを厚く塗る。

2　マヨネーズ・ヴェルトゥを塗る。

3　ホワイトアスパラガスは穂先を真ん中にして3本並べる。トマトペーストをコルネに入れ、リボン状に絞る。

Canapés aux anchois et œuf dur

茹で卵とアンチョビ

マヨネーズ・ヴェルトゥに茹で卵を加え、アンチョビを添えたカナッペです。

5cm 角　8 個分
難易度　★☆☆☆

ingrédients

- 適量　パン・ドゥ・ミ（⇒P228）
- 適量　ブール・サレ（⇒P220）
- 1個分　茹で卵

マヨネーズ・ヴェルトゥ
- 40g　マヨネーズ（⇒P222）
- 16g　サラダ菜

仕上げ
- 8切れ　縦1/3に切ったアンチョビ
- 適量　オリーブ（ブラック）
- 適量　塩、白こしょう

préparation

(1) パン・ドゥ・ミを8mm厚さに2枚スライスし、耳を切り落とし、5cm角に4枚切り分ける。もう一枚も同様に切る。

(2) 材料を切る。
<u>固茹で卵</u> ⇒卵は沸騰後12分茹で、固茹でにする。黄身と白身に分け、5mm角に刻む。
<u>サラダ菜</u> ⇒みじん切り。
<u>オリーブ</u> ⇒小さく丸く8個分切る（または直径7mmの抜き型で8個抜く）。

recette

1 マヨネーズ・ヴェルトゥに黄身と白身とサラダ菜を加え、混ぜる。

2 パン・ドゥ・ミにブール・サレを塗り、その上に1を塗る。

3 アンチョビ、オリーブをのせる。

おいしい食べ方 ワイン　P63

Rubriques
2

おいしいカナッペ作りの基本

トゥレトゥールの技術と個性を十分に発揮できるのがカナッペです。「どのようなカナッペを作るかでその職人の腕前が分かる」とさえ言われます。おいしく美しいカナッペを作るためには材料を吟味し、見た目と味わいのバランスがとれる組み合わせを考え、ていねいに仕上げることが大切です。レセプションやビュッフェパーティーなどにぜひ作ってみてください。本書では10品のカナッペを紹介しましたが、ぜひ基本の材料を参考に、おいしいカナッペ作りに挑戦してみて下さい。

パン
カナッペの土台となるのはパン・ドゥ・ミが一般的ですが、場合によってはその他のパンを使う場合もあります。その場合、身が詰まっていてすだちが小さく、柔らかいものが適しています。

ジュレ
カナッペに具をのせてから薄くジュレを塗ると表面が保護されて新鮮さを保つことが出来ます。ジュレは柔らかい刷毛を使い、具を傷つけないように注意して塗りましょう。

ガルニチュール
カナッペ作りの材料は無数にあります。それをうまく組み合わせることでバラエティに富んだ、見て楽しく食べておいしいカナッペが出来あがります。

生野菜・フルーツ ▶ 旬のもので傷がなく、よく熟したものを選びます。フルーツの場合は酸味や味わいの具合も考慮しましょう。

茹で野菜 ▶ ていねいに汚れを落とし、塩茹でして使います。アスパラガスなどは缶詰を使ってもよいでしょう。

マリネ ▶ 既成の瓶詰めの場合は乾燥していないか、香りはしっかりあるかを確認します。自分でマリネをして使う場合はそのための時間も予め考慮して作ります。

鮮魚 ▶ 出来るだけ使う直前に購入し、鮮度を保ちます。

魚の卵 ▶ 缶詰や瓶詰めになったものを使います。いくら、キャビア、ランプフィッシュの卵など。

卵 ▶ 鮮度のよいものを使います。

ハム、ソーセージ ▶ 上質で新鮮なものを使います。

チーズ ▶ 熟成がちょうどよいものを選びますが、コンテ、ボーフォール、シェーヴルなどは単独で、ロックフォールやパルメザン、ゴルゴンゾーラなどのチーズはミックスして使ってもよいでしょう。

おいしい食べ方
ブール・サレやマヨネーズはパンの乾燥を防ぐ役割もあるので、パンの隅まで均一に塗ることが大切です。出来立てが一番おいしいです。

おすすめワイン
レセプションやビュッフェパーティーにはアペリティフとしてシャンパンに合わせてみては如何でしょうか。

Croque-monsieur
クロック・ムッシュウ

「クロック」は、ホットサンドの一種。カフェやサロン・ド・テのクラシックなトゥレトゥールの一つで家庭でも食べられます。そのまま単品でも召し上がれますし、サラダを添えれば軽めのランチにもなります。ソース・パルムザンと熱々のチーズとハムがやみつきになるおいしさです。

4人分
難易度 ★☆☆☆

ingrédients

適量　パン・ドゥ・ミ（⇒P228）

アパレイユ　出来上がりから1/2量使用

52g	全卵
19g	卵黄
19g	サワークリーム
5g	チーズコンサントレ※1
24g	ヨーグルト
29g	生クリーム（42%）
24g	牛乳
0.3g	塩
0.1g	白黒こしょう
0.1g	ナツメグ
0.2g	ミルクパウダー

仕上げ

100g	ソース・パルムザン（⇒P224）
60g	グリュイエールチーズ
4枚	ハム（約100g）
80g	グリュイエールチーズのすりおろし
24g	エダムチーズのすりおろし
少々	塩、白こしょう、ナツメグ

notes
※1　手に入らなければ入れなくても構いません。

Traiteur

Croque-monsieur
★☆☆☆

préparation

(1) パン・ドゥ・ミを1cm厚さで4枚スライスする（⇒P53）。

(2) グリュイエールチーズ ⇒厚さ2mmにスライス。

recette

アパレイユを作る。
1 P20「トマトとシャンピニオンのクルスタッドゥ」アパレイユと同様にする。

仕上げる。
1 パン・ドゥ・ミにソース・パルムザンを20gずつ薄く塗る。

2 グリュイエルチーズを4枚ずつのせる。

3 ハムをのせ、その上にソース・パルムザンを5gずつ塗る。
※ ハムはパンからはみださないよう、必要に応じて端をカットしておきます。

4 アパレイユをバットに入れ、3の下面だけを2〜3秒浸し、オーブンシートを敷いた天板に並べる。
※ 焼く直前に浸します。

5 グリュイエルチーズのすりおろしを全体にふわりとのせ、エダムチーズのすりおろし、塩、こしょう、ナツメグをふる。

オーブンに入れる。
電子レンジオーブン　　280℃で7〜8分
ガス高速オーブン　　　230℃で7〜8分
1 上面と下面に焼き色がつくまで焼く。

おいしい食べ方
クロック・ムッシュウは焼きたて熱々が一番おいしいです。冷めた場合は150℃〜160℃のオーブンで8〜10分温め、チーズが溶け出すくらいが食べごろ。電子レンジでの加熱は厳禁。

ワイン
白ワインまたは軽めの赤ワイン。

保存は常温で2日間ほど。

Croque-madame

2人分
難易度 ★★☆☆

クロック・マダム

フランスのカフェなどでクロックムッシュウと並んで欠かせないメニューが「クロック・マダム」。鶏肉やターキー、チーズ、ソース・パルムザンを2枚のパン・ドゥ・ミでサンドして焼き、半熟の目玉焼きをのせました。フィリングの組合わせはいろいろですが、目玉焼きはトレードマークです。パン2枚で1組です。

ingrédients

適量	パン・ドゥ・ミ (⇒P228)

ガルニチュール　18cm フライパン使用

300g	鶏もも肉
4〜4.5g	塩
10挽	黒こしょう
20g	オリーブオイル
25g	にんにく
3.5g	イタリアンパセリ

仕上げ

50g	ソース・パルムザン (⇒P224)
40g	アパレイユ (⇒P64)
98g	グリュイエールチーズ
30g	グリュイエールチーズのすりおろし
16g	エダムチーズのすりおろし
2個	卵

卵1個に対して

3つまみ	塩
10挽	黒こしょう
適量	ナツメグ
3g	バター

焼きあがりにふる

1.6g	イタリアンパセリ (1枚に0.4g)
適量	ナツメグ

Traiteur

Croque-madame ★★☆☆

préparation

(1) パン・ドゥ・ミを8mm厚さで4枚スライスする（⇒P53）。そのうち2枚は直径5cmの丸抜き型で中央をくり抜く。

(2) 材料を切る。
ガルニチュール
　にんにく ⇒半分に切って潰す。
　イタリアンパセリ ⇒みじん切り。
仕上げ
　グリュイエールチーズ ⇒厚さ2mmにスライス。

recette

ガルニチュールを作る。

1 鶏もも肉の両面に塩、こしょうをふる。

2 フライパンにオリーブオイルを入れて熱し、にんにくを加えて3〜4分かけてにんにくがキツネ色になり、表面がこんがりと硬めになるまで炒めて取り出す。

3 2をみじん切りにし、イタリアンパセリを加え混ぜる。

4 にんにくを炒めたフライパンに鶏もも肉を入れ、両面にきれいな焼き色がつき、皮がパリッとするまで約15分焼く。冷めたら厚さ4〜5mmにスライスする。

仕上げる。

1 くり抜いていないパンはP65「クロック・ムッシュ」仕上げ1〜2と同様にソース・パルムザンを塗ってグリュイエールチーズの薄切りをのせる。バットに入れたアパレイユに下面だけを2〜3秒浸してオーブンシートを敷いた天板にのせる。

2 鶏もも肉の薄切りを並べる。さらににんにくとイタリアンパセリ、グリュイエールチーズの薄切りをのせる。

3 くり抜いたパン・ドゥ・ミにソース・パルムザンを5gずつ塗り、2の上にのせる。グリュイエールチーズのすりおろし、エダムチーズのすりおろしを散らす。

4 卵はボウルに割り入れてからくり抜いた中央に入れ、塩、こしょう、ナツメグをふり、卵の黄身の上にバターをおく。

オーブンに入れる。

　電子レンジオーブン　　220℃で約15分
　ガス高速オーブン　　　210℃で約15分

1 上面と下面に焼き色がつくまで焼き、イタリアンパセリとナツメグをふる。

Pain surprise

パン・シュルプリーズ

「パン・シュルプリーズ」は見る楽しみを考えたいろいろな形のサンドイッチです。パンの中身をくり抜いてスライスし、具をはさみ、小さく切り分け、それらを再びパンの中に戻し、元のパンの形になるように仕上げています。パーティーやビュッフェのトゥレトゥールとして、またピクニックなどに持っていくサンドイッチとしても楽しいです。ここではパン・ドゥ・カンパーニュを使っていますが、具材に合わせてパン・ドゥ・ミやブリオッシュ、パン・ドゥ・セーグルなど、様々なパンで作ることができます。

Pain surprise

パン・シュルプリーズ
アボカド、ロックフォールチーズ、鶏と香草

パン・ドゥ・カンパーニュ1個分
難易度　★★☆☆

Traiteur

Pain surprise
avocat
roquefort
poulet et herbes
★★☆☆

avocat

roquefort

poulet et herbes

ingrédients

1個	パン・ドゥ・カンパーニュ（⇒P230）
適量	ブール・サレ（⇒P220）
適量	マヨネーズ（⇒P222）

アボカドのサンドイッチ

1個	アボカド
5g	レモン汁
1/2束	クレソン
10g	エシャロット
適量	塩、白こしょう

ロックフォールのサンドイッチ

60g	ロックフォールチーズ
15g	バター
40g	くるみ

鶏と香草のサンドイッチ

200g	鶏もも肉（骨付き）※1
2g	塩
適量	白こしょう
400g	フォン・ドゥ・ヴォライユ（⇒P210）※2
155g	香味野菜
	にんじん…30g
	玉ねぎ…50g
	ポロねぎ…25g
	セロリ…50g
1束	ブーケガルニ
	タイム…2本
	ローリエ…1/2枚
	イタリアンパセリ…3本
1本分	セロリの葉
1個	クローヴ
5g	シブレット
5g	セルフィーユ

notes

※1　鶏は骨を除いた正味で200gに。骨付きでなくてもよいです。その場合は同量のもも肉またはむね肉で代用可。

※2　フォン・ドゥ・ヴォライユはブイヨン（マスコットフーズの無添加チキンブイヨン）で代用可。

69

préparation

(1) 材料を切る。
アボカドのサンドイッチ
　　アボカド ⇒種を取って皮をむき、薄切りにしてレモン汁をふりかける。
　　エシャロット ⇒薄切り。
ロックフォールチーズのサンドイッチ
　　ロックフォールチーズ ⇒裏ごしする。
　　くるみ ⇒5mm角に刻む。
鶏と香草のサンドイッチ
　　香味野菜 ⇒それぞれ1cm角に切る。
　　セロリの葉 ⇒タコ糸で縛る。

(2) 鶏肉は塩、こしょうをする。鍋に鶏肉、フォン・ドゥ・ヴォライユ、香味野菜を入れて火にかけ、一度沸騰させてアクを取る。ブーケガルニ、セロリの葉、クローヴを加えて15分ほど茹でる。
　鶏のももの太いところに竹串を刺し、血がにじまなくなるくらいが目安です。

(3) 鍋の中で煮汁に浸けたまま鶏肉を冷ます。

(4) 鶏が冷めたら骨と皮を外し、身をほぐす。シブレットは小口から2〜3mmに、セルフィーユはみじん切りにする。

Traiteur

Pain surprise
avocat
roquefort
poulet et herbes
★★☆☆

(5) 1日おいて少し乾燥させたパン・ドゥ・カンパーニュを切る。

a パンの上に直径15cmのセルクルをおき、プティクトーで跡をつける。

b 表面の皮のみ浅く、プティクトーの先端で切っておく。

c 切り目にそって垂直にプティクトーを入れ、底を1cm残して切り込みを1周入れる。

d 1cm厚さの棒をあて、幅5cmの切り込みを入れる。フィレナイフに持ち替え、切り込みから水平に切る。反対側からも切る。これでパンの内側を切り離した状態になる。
△ 刃先が細くて長いナイフを使います。教室ではビクトリノックス社のフィレナイフを使っています。

e 内側を抜き取る。

f 側面の焼き色を切り取り、8mm厚さの棒を両側にあて、波刃包丁で6枚にスライスする。上部も使う。

recette

アボカドのサンドイッチを作る。

1 パン2枚にブール・サレを薄く塗ってからマヨネーズを塗る。

2 1枚にアボカド、クレソン、エシャロットをのせ、塩、こしょうをふる。

3 もう1枚のパンをのせて軽く手でおさえてなじませる。波刃包丁で6等分に切る。

ロックフォールのサンドイッチを作る。

1 ロックフォールチーズの裏ごし、ポマード状にしたバターをよく練り混ぜる。

2 パン2枚に1を塗る。1枚にくるみを一面にのせる。

3 もう1枚のパンをのせて軽く手でおさえてなじませる。波刃包丁で6等分に切る。

鶏と香草のサンドイッチを作る。

1 パン2枚にブール・サレを薄く塗ってからマヨネーズを塗る。ほぐした鶏を一面に並べ、シブレットとセルフィーユを全面に散らす。

2 もう1枚のパンをのせて軽く手でおさえてなじませる。波刃包丁で6等分に切る。

組み立てる。

1 内側を抜いたパン・ド・カンパーニュの中に、アボカド、ロックフォール、鶏と香草のサンドイッチの順に入れ、上部をフタとして添える。

Pain surprise

パン・シュルプリーズ
スモークサーモン、ハム、茹で卵とマヨネーズ・ヴェルトゥ

パン・ドゥ・カンパーニュ1個分
難易度　★★☆☆

Traiteur

Pain surprise
saumon fumé
jambon
œuf dur
★★☆☆

saumon fumé

jambon

œuf dur

ingrédients

1個	パン・ドゥ・カンパーニュ (⇒P230)
適量	ブール・サレ (⇒P220)
適量	マヨネーズ (⇒P222)

スモークサーモンのサンドイッチ

適量	スモークサーモン
10g	エシャロット
5g	ケッパー

ハムのサンドイッチ

2枚	ハム

茹で卵とマヨネーズ・ヴェルトゥのサンドイッチ

1個	固茹で卵 (⇒P62)

マヨネーズ・ヴェルトゥ

40g	マヨネーズ
8g	サラダ菜

大2枚	サラダ菜
2切れ	アンチョビ
適量	塩、白こしょう

préparation

(1) 1日おいて少し乾燥させたパン・ドゥ・カンパーニュを切る (⇒P71)。

(2) 材料を切る。
　<u>スモークサーモン</u> ⇒厚さ5mmにスライスする。
　<u>エシャロット</u> ⇒薄切り。
　<u>ケッパー</u> ⇒刻む。

スモーク・サーモンのサンドイッチを作る。

1 パン2枚にブール・サレを薄く塗ってからマヨネーズを塗る。

2 1枚にケッパーとエシャロットの1/2量を全面に散らす。

3 スモークサーモンを一面に並べ、残りのケッパーとエシャロットを散らす。

4 もう1枚のパンをのせて軽く手でおさえてなじませる。波刃包丁で6等分に切る。

3

**茹で卵とマヨネーズ・ヴェルトゥの
サンドイッチを作る。**

1 マヨネーズとみじん切りのサラダ菜を合わせてマヨネーズ・ヴェルトゥを作り、刻んだ白身と黄身を和える。

2 パン2枚にブール・サレを薄く塗り、1枚の上にサラダ菜をしいて**1**を広げる。軽く塩、こしょうをする。アンチョビを散らす。

3 もう1枚のパンをのせて軽く手でおさえてなじませる。波刃包丁で6等分に切る。

2

ハムのサンドイッチを作る。

1 パン2枚にブール・サレを厚めに塗る。

2 パン1枚に2枚のハムを少しずらして重ねる。
　※ 2mmほどにスライスしたグリュイエールチーズを一緒にサンドしてもおいしいです。

3 もう1枚のパンをのせて軽く手でおさえてなじませる。波刃包丁で6等分に切る。

2

組み立てる。

1 P72「パン・シュルプリーズ（アボカド、ロックフォールチーズ、鶏と香草）と同様に組み立てる。

Rubriques
3

ドゥニさんの食の履歴書…1
人生を決めたシンプルでおいしい母の料理

　私が生まれたのは1950年。戦後間もない、誰もが厳しい生活を余儀なくされていた頃です。日常の暮らしでも今では当たり前になっている"快適さ"のほとんどが未知のものでした。テレビも電話も出始めたばかり。あれこれ比べて選べるものなどごくわずかでした。覚えているのは生活が今より穏やかだったことです。

　私たち一家はパリ郊外の小さな庭付きの一軒家に住んでいました。家族構成は父、母、同じ誕生日でピッタリ2つ違いの兄と私の4人。父は新聞社に勤めていたので忙しく、土日も働いていたので幼いころから仕事の大変さを感じていました。その分母が家の中のことを決め、切り盛りしていました。母は物静かで働き者でした。フランス東部ボージュ地方の生まれで、わりと裕福な家だったようですが幼いころに母親をなくし、5人の姉たちから家事を教わったそうです。

　母の料理はとてもシンプルでおいしい、よい素材から作られる普通の家庭料理でした。私は母の姿を見て、自然に料理に惹かれるようになりました。何故料理の匂いに惹きつけられたのかなんて理由は分かりません。でも私の本能が興味を持ち、見たり手伝ったりしているうちに影響を受けたのです。

　当時はまだ冷蔵庫もありませんでしたから（我が家に冷蔵庫が来たのは私が7歳の時でした）、私は母と一緒にマルシェへ行き、野菜を吟味して買い、肉屋さんで肉を、シャルキュトゥリーでハムやソーセージを、魚屋さんで魚を買うことが好きでした。

　魚は主に金曜日に食べました。フランスはカトリックの国ですが昔は今よりも伝統を重んじていましたので、金曜日は宗教上の理由で肉を食べるのを禁じていたのです。そして週末の土曜日と日曜日には普段よりちょっと凝った料理を作るのも伝統的な習慣でした。特に日曜日は親戚が集まるので母はたくさんのごちそうを作っていました。

　今とは流通機構も違っていたので、食においては"旬"の素材が大事にされており、母も常に季節の旬の素材で料理を作ってくれました。春は気候が暖かいのでアスパラガス、ラディッシュ、生野菜などをよく食べました。復活祭の時はよく仔羊を食べました。もっと暑くなるとサラダ、肉料理ならロースト。秋冬になって寒くなってくると、ポトフやポテ、ブッフ・ブレゼといった伝統的な煮込み料理がよく出されました。パテやテリーヌ、アスピック、またジャムのような果物の保存食も家庭で作っていました。

　母は料理のプロではありませんでしたが、料理を作ることが好きでした。そして日曜日や水曜日にはよくタルトゥやケック（パウンドケーキ）などの素朴なお菓子を作ってくれました。

　また私の両親は「今日はこれを食べなさい。それが嫌でも他に食べるものはありませんよ」「全部食べ終わるまで席を立ってはいけません」と私に言い続けました。そのお蔭か私には嫌いな食べ物というのはありません。何でも食べ、何でも好きになります。全ての味を積極的に試し、未知のおいしさとの出会いを逃さないこと。そうしたことも全て家庭の中で教わりました。

　私がこの道に入りたいと思ったのは8歳の頃。それからずっと、この仕事に就きたいと思ってきました。しかし当時職人仕事は勉強が出来なくて他に出来ることがない人たちがする仕事と思われていたので、両親には反対されました。特に父は厳しい子ども時代を過ごし、戦争でも苦労しましたので、自分の子供には苦労をさせたくなかったのだと思います。しかし私も粘りました。そして母が「好きなようにしなさい」と言い始めました。年を経るごとに私を説得するのは困難だと分かってきたのでしょう。私は決して譲りませんでしたから。

　ついに14歳の時に父が「oui（ウイ）」と言ったのです。最初のうちはもろ手をあげて賛成してくれたわけではありませんでしたが、私が頑張って成長し結果を出したのを見て、父もようやく私の仕事を認めてくれるようになりました。

Gnocchis à la Parisienne

ニョッキ・ア・ラ・パリジェンヌ

ニョッキにはセモリナ粉のローマ風ニョッキとパータ・シューで作るパリ風ニョッキがあります。手軽に作れるパリ風ニョッキは、パータ・シューを作り、茹でた後水けをきってよく乾かし、チーズを加え、ソース・ベシャメルと合わせてグラタン皿に盛り付けます。パータ・パテやパートゥ・フイユテに盛り付けてもいいでしょう。また小さいクルスタッドゥを作って盛り付ける場合は、貝殻型に削ったバターを上に飾り、食べる前にグラティネすると溶けたバターがガルニチュールを包み、黄金色の焼き色をつけ、見た目も一層おいしそうに焼きあがります。

Surprise de choux au fromage de chèvre

シェーヴルチーズのシュー

ブルゴーニュ地方でワインと共に食べられるチーズのシュー「グジェール」からイメージし、シェーヴルチーズで作りました。シェーヴルはサントル地方やロワール河流域などが産地です。ハーブとの相性がよいのでローズマリーで飾りつけをし、グジェールとの違いを見た目でも表現しています。一皿ずつ盛り付ける時は、サラダとトマトのクリを添えます。

Gnocchis à la Parisienne

ニョッキ・ア・ラ・パリジェンヌ

直径 17cm 陶器のフラン型 2 台分
難易度　★★☆☆

ingrédients

パータ・シュー
※約20個出来る

95g	牛乳
38g	バター
2g	塩
0.8g	ミルクパウダー
15g	薄力粉
15g	強力粉
28g	セーグル粉（ナチュラル）
45g	全卵
53g	卵黄
0.2g	白こしょう
0.2g	ナツメグ
900g	ニョッキ用のお湯
7g	粗塩

ソース・ベシャメル

38g	バター
19g	薄力粉
19g	強力粉
470g	牛乳
3.5g	スキムミルク
4.4g	塩
6挽	白こしょう
1g	ナツメグ
64g	グリュイエールチーズのすりおろし
13g	エダムチーズのすりおろし

仕上げ

適量	ソース・ベシャメル（→上記）
30g	グリュイエールチーズのすりおろし
適量	ナツメグ

préparation

(1) 薄力粉、強力粉、セーグル粉は合わせてふるう。

(2) 全卵と卵黄は合わせておく。

(3) 型の内側に刷毛でポマード状バター（分量外）を薄く塗る。

(4) ソース・ベシャメル（⇒P223）を作り、グリュイエールチーズのすりおろしとエダムチーズのすりおろしを加える。

おいしい食べ方
食べる直前に温めます。グラティネするとこんがり色づいたチーズがとろけ、見た目も一層おいしそうになります。

ワイン
白ワインまたは軽めの赤ワイン。

Traiteur

Gnocchis à la Parisienne
★★☆☆

recette

パータ・シューを作る。

1 手鍋に牛乳、バター、塩、ミルクパウダーを入れて火にかける。軽く沸騰したら火を止める。

2 ふるっておいた粉類を一度に加え、木べらで粉が完全に見えなくなるまで強く混ぜる。最初は重たく水っぽい感じになる。

3 再び中火にかけ、手早く強く、鍋の底をこすりながら混ぜる。次第に生地が硬くなりまとまり始める。1つになり、鍋の底に薄く生地がついてきたところで火からおろす。

4 卵液の約1/3量を加え、すりつぶすように強く混ぜる。残りの卵を3回くらいに分けて加え、よく混ぜる。こしょう、ナツメグを加え混ぜる。

5 直径13mmの丸口金をつけた絞り袋に4のパータ・シューを入れる。軽く沸騰しているお湯に粗塩を加え、パータ・シューを1〜2cmの長さに絞り出し、ナイフでお湯の中に切り落とす。弱火でごく軽く沸騰するくらいの火加減で茹でる。

6 ニョッキが浮き上がり、しっかりとした弾力が出てきたら、網杓子で取り出し、キッチンペーパーの上にとる。表面が乾燥しないように濡れ布巾などをかけておく。

仕上げる。

1 **ソース・ベシャメル**にニョッキを加え、つぶさないように混ぜる。

2 型に**1**を流し、グリュイエールチーズのすりおろしとナツメグを一面にふりかける。

オーブンに入れる。

♨♨♨ 電子レンジオーブン　　260℃で約10分
　　　ガス高速オーブン　　　250℃で約10分

1 周りがフツフツして、表面がキツネ色になるまで焼く。

※ あまり焼きすぎるとニョッキが膨らみすぎてフカフカのおいしくない出来あがりになります。

Surprise de choux au fromage de chèvre

シェーヴルチーズのシュー

18個分
難易度 ★★☆☆

ingrédients

パータ・シュー
※約20個出来る
- 70g　水
- 70g　牛乳
- 56g　バター
- 2.7g　グラニュー糖
- 1g　塩
- 43g　強力粉
- 43g　薄力粉
- 170g　全卵[※1]

- 適量　塗り卵（⇒P221）
- 適量　刻みアーモンド

根セロリのピュレ
- 525g　根セロリ[※2]
- 450g　水
- 450g　牛乳
- 0.8g　塩
- 105g　バター

シェーヴルチーズのムース
- 120g　シェーヴルチーズ（ローヴ・デ・ガリッグ）[※3]
- 120g　生クリーム（42%）
- 適量　塩、白こしょう

バジル風味のトマトのクリ
- 10g　オリーブオイル
- 25g　玉ねぎ
- 8g　にんにく
- 445g　トマト水煮（缶詰）
  - 果肉…245g
  - 汁…200g
- 1.4g　塩
- 適量　白こしょう
- 1.2g　グラニュー糖
- 4g　バジル（大4枚）
- 1束　ブーケガルニ
  - タイム…2本
  - ローリエ…1/2枚
  - イタリアンパセリ…3本

ソース・ヴィネグレット
- 5g　赤ワインヴィネガー
- 5g　シェリー酒ヴィネガー
- 40g　ピーナッツオイル
- 適量　塩、白こしょう

飾り
- 適量　ローズマリー

盛り付け
- 適量　マーシュ

notes

[※1]　全卵は生地の固まり具合を見ながら、上限170gまで加えます。

[※2]　フランス語ではセルリ・ラーヴ。セロリの仲間で肥大した根の部分だけを食べる別品種。

[※3]　南フランス、ラングドック・ルシオン地方で作られている、山羊のチーズです。ガリッグは石灰質乾燥地帯、ローヴは山羊の品種のことです。真っ白で球形に近い形をしています。ハーブを食べて育った山羊の生乳を原料としていることからチーズ自体にもタイムやローズマリーのようなハーブの香りが感じられます。

préparation

(1) 材料を切る。

根セロリのピュレ
　根セロリ ⇒ 皮をむき、2cm角に切る。

シェーヴルチーズのムース
　シェーヴルチーズ ⇒ 目の細かいふるいで裏ごしする。

バジル風味のトマトのクリ
　玉ねぎ ⇒ みじん切り。
　にんにく ⇒ 細かく切る。
　トマト水煮 ⇒ 果肉は指でザルに押しつけて潰す。
　バジル ⇒ 幅2mmの千切り。

Traiteur

Surprise de choux au fromage de chèvre
★★☆☆

recette

パータ・シューを作る。

1 手鍋に水、牛乳、バター、塩、グラニュー糖を入れ、火にかけて沸騰させる。

2 火からおろし、合わせてふるった粉を一度に入れ、木べらで全体が均一の状態になるまで混ぜる。

3 再び中火にかけて、木べらで強く混ぜる。パートゥがひとつの塊になり、鍋の底に白い膜が張ったら火からおろす。

4 パートゥの1/3量を深大ボウルに入れ、全卵の1/4量(大さじ4杯)を加え、ハンドミキサー(ビーター2本)の速度2番で混ぜる。
　△ 大体ここで一つにまとまります。

5 さらに全卵の1/4量を加えて混ぜる。

6 パートゥの残り全部、全卵の1/4量を加えて混ぜる。混ざったらさらに30秒混ぜ、残りの全卵は2回に分けて加え、硬さを調整する。

7 パートゥは木べらでたらすとすぐに連続して2回落ちるくらいの柔らかさになるまで卵を加えます。

8 直径10mmの丸口金をつけた絞り袋にパータ・シューを入れ、アルミホイルを敷いた天板に直径4cmに絞る。刷毛で塗り卵を塗り、刻みアーモンドを散らす。

オーブンに入れる。

♨♨♨ ｛電子レンジオーブン　190℃で30分
　　　ガス高速オーブン　予熱250℃
　　　　⇒スイッチを切り2分⇒170℃で30分

1 ふくらんだパートゥの割れ目までしっかり焼き色がつくまで焼く。
　△ ガスオーブンの場合はオーブンに入れる前にパートゥに十分霧吹きをします。
　△ 家庭用オーブンの場合、パートゥが柔らかくないとふくらみにくく、出来あがりのひび割れが大きくなります。

つづきます

81

根セロリのピュレを作る。

1 鍋に根セロリ、水、牛乳、塩を入れて火にかける。中心まで火が通ったら根セロリをこし器にあけて水けをきる。
　※ 途中でアクをすくいます。
　※ フードプロセッサーを回す時に使うので煮汁はとっておきます。

2 オーブンシートを敷いた天板に根セロリを並べ、200℃のオーブンに5分入れて表面の水分を飛ばす。

3 フードプロセッサーに2を入れ、1の煮汁を少量（レードル1杯程度）加えて回す。さらにポマード状バターを加えて滑らかになるまで回し、裏ごしする。

シェーヴルチーズのムースを作る。

1 裏ごししたシェーヴルチーズに生クリームを少しずつ加えてのばし、塩、こしょうをする。冷蔵庫で冷やす。

バジル風味のトマトのクリを作る。

1 鍋にオリーブオイルを入れて熱し、玉ねぎを弱火で炒める。にんにくを加えて炒めたらトマト水煮の果肉と汁を加える。

2 塩、こしょう、グラニュー糖を加えて混ぜ、ブーケガルニを入れ、15分ほど少し煮詰める。裏ごしし、氷水にあてて冷やす。

3 バジルを加え、冷蔵庫で冷やす。

ソース・ヴィネグレットを作る。
1 材料を混ぜる。

組み立てる。

1 シューの上部1/3をカットし、上部の中央を直径7mmの丸口金で抜く。

2 絞り袋に直径13mmの丸口金をつけ、**根セロリのピュレ**を入れてシューに絞り入れる（1個につき27g）。

3 絞り袋に直径10mmの星口金をつけ、**シェーヴルチーズのムース**を入れる。2に渦巻き状に絞る（1個につき13g）。

4 1のシューでフタをし、くり抜いた部分にローズマリーを刺す。

盛り付ける。

1 皿の中央にシューをおき、周りに**バジル風味のトマトのクリ**を回しかける。

2 マーシュを添え、マーシュに**ソース・ヴィネグレット**をかける。

Chapitre 2

À la carte

**Soupes
Salades
Charcuteries
Cake salé**

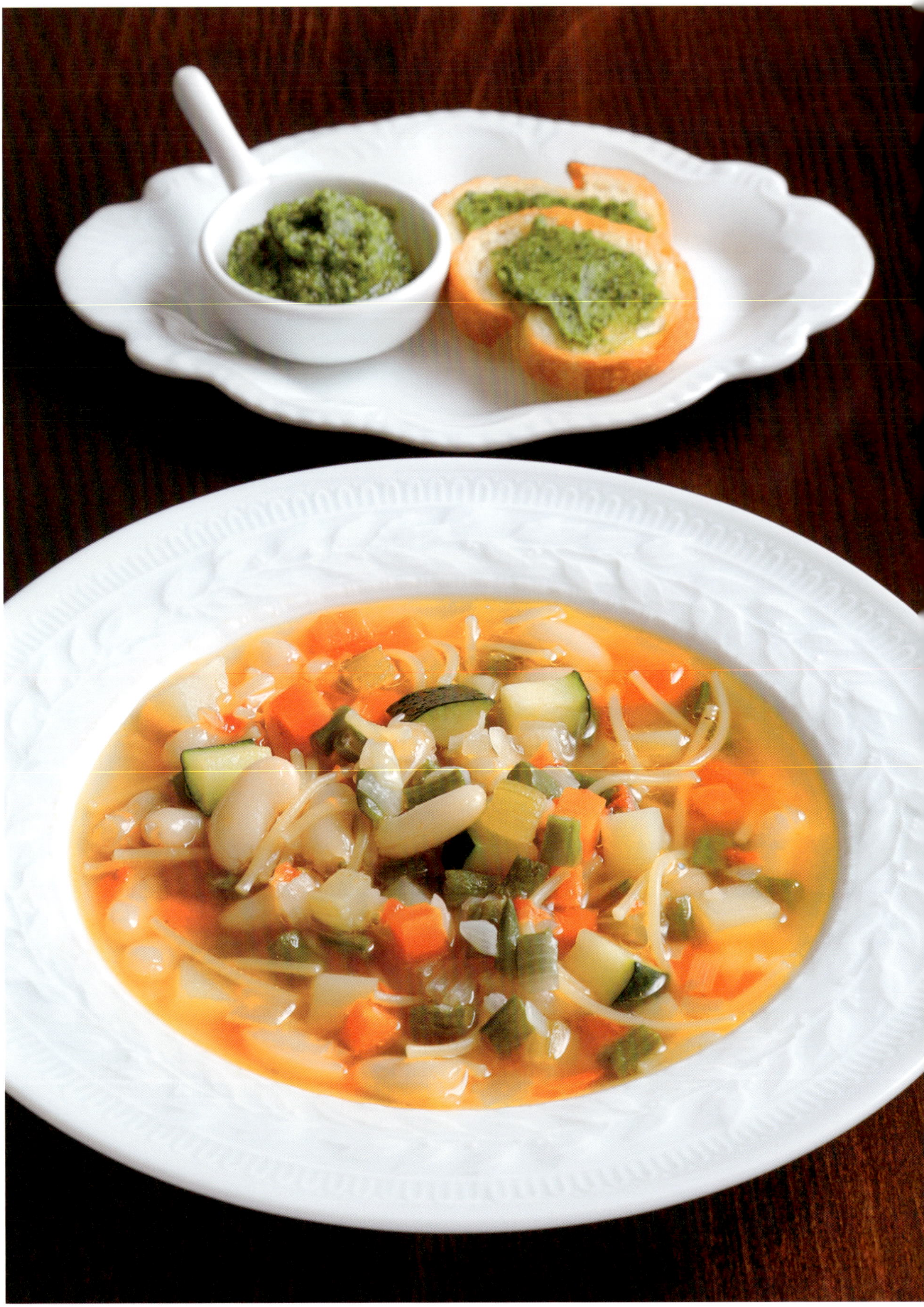

Soupe au pistou

スープ・オ・ピストゥー

フランス南東部にある地中海地方(メディテラネ)の料理です。
この地方ではバジルのことをピストゥと呼びます。

4人分
難易度　★★☆☆

ingrédients

ガルニチュール　24cm両手鍋使用

18g	オリーブオイル
85g	ポロねぎ
50g	玉ねぎ
58g	にんじん
85g	じゃがいも(シンシア)
53g	セロリ
125g	トマト
適量	トマトの種をこした汁
750g	フォン・ドゥ・ヴォライユ(⇒P210)
8g	粗塩
適量	黒こしょう
38g	パスタ(バリラ・1.4mm)
100g	さやいんげん
68g	ズッキーニ
5g	オリーブオイル
30g	バジルソース(→下記)
10挽	黒こしょう

白いんげん豆煮　15cm手鍋使用

50g	白いんげん豆(アリコ・ココ)
250g	水

バジルソース

20g	にんにく
20g	バジル
38g	オリーブオイル
60g	パルメザンチーズのすりおろし

盛り付け

適量	バゲット
適量	オリーブオイル

préparation

前々日〜前日

(1) 白いんげん豆は5倍の水に24時間浸けておく。

当日

(2) 浸けておいた白いんげん豆を火にかけ、沸騰したら弱火にし、柔らかく少し煮崩れるくらいまでフタをして約1時間30分煮る。煮上がったらこし器にあけ、豆と煮汁に分けておく。ここから豆を100g使う。

※ 豆は柔らかくなり、少し煮崩れるものもあります。

(3) 材料を切る。

ガルニチュール

パスタ ⇒ 布巾などにくるみ、だいたい長さ3cmくらいに折る。
ポロねぎ ⇒ 縦4つに切ったものを厚さ1cmに切る。
玉ねぎ ⇒ 7〜8mm角に切る。
にんじん、じゃがいも ⇒ 1cm角に切る。
トマト ⇒ 湯むき(⇒P221)して種を取り、1cm角に切る。種を裏ごしした汁も使う。
セロリ ⇒ 筋をとり、1cm角に切る。
ズッキーニ ⇒ 1.5cm×2cm角に切る。
いんげん ⇒ 筋を取り、長さ1cmに切る。

recette

ガルニチュールを作る。

1 両手鍋にオリーブオイルを入れて熱し、ポロねぎと玉ねぎを加え、時々木ベラで混ぜながら中火で炒める。
△ 時々混ぜながら、色は付けずに水分が出てしんなりするまで炒めます。

2 にんじん、じゃがいも、セロリを加えさらに2分程炒める。トマトと種をこした汁、フォン・ドゥ・ヴォライユ、粗塩、こしょうを加え、沸騰したら弱火で約10分煮る。

3 パスタ、いんげん、煮た白いんげん豆と煮汁を加えて6分ほど、野菜とパスタが柔らかくなるまで煮る。ズッキーニを加え、5〜7分煮て火を止める。

4 5gのオリーブオイル、バジルソース、こしょうを加える。味をみて必要なら塩を加える。

バジルソースを作る。

1 にんにくをフードプロセッサーにかけ、水気が出るくらいまで回す。

2 バジルを加え、さらにフードプロセッサーを回す。オリーブオイル15gを加え、時々ゴムべらで周りを払いながら混ぜていく。

3 パルメザンチーズを2回に分けて加え、混ざったらオリーブオイル23gを加える。
△ 8日間ほど冷蔵庫で保存可能。

盛り付ける。

1 温めた器にスープを注ぐ。

2 バゲットを厚さ1cmにスライスし、1枚に約2gのオリーブオイルを刷毛で両面に塗り、160℃のオーブンで8分→190℃で2分焼く。
△ 途中5分で裏表を返します。
△ キツネ色になるまで焼きます。焼きあがりは少し中央に柔らかさが残っているくらい。

3 バジルソース2gを塗り、スープに添える。

Crème de champignons et laitue aux cuisses de grenouilles

シャンピニオンとレタスのクリームスープ
蛙のもも肉をガルニチュールに

エシャロット、にんにくと一緒に蛙のもも肉を炒め、白ワインを加え、フタをして加熱します。
骨と身をほぐし、身をクレームの中にガルニチュールとして加えます。
蛙のもも肉とクレームが、レタスの繊細な味わいに大変よく合います。

Crème de champignons et laitue aux cuisses de grenouilles

シャンピニオンとレタスのクリームスープ
蛙のもも肉をガルニチュールに

4人分
難易度 ★★☆☆

ingrédients

レタスのクリームスープ　20cm手鍋使用
- 7g　オリーブオイル
- 22g　エシャロット
- 96g　シャンピニオン
- 507g　濃いめのフォン・ドゥ・ヴォライユ（⇒P210）
- 96g　レタス
- 96g　じゃがいも（メークイン）
- 33g　生クリーム（42％）
- 1.3g　塩
- 適量　白こしょう

ガルニチュール　15cm手鍋使用
《蛙のもも肉》
- 8g　澄ましバター（⇒P220）
- 9g　エシャロット
- 9g　にんにく
- 100g　蛙のもも肉[※1]
- 25g　白ワイン
- 0.7g　塩
- 1g　セルフィーユ
- 適量　黒こしょう

《シャンピニオン》
- 14g　澄ましバター（⇒P220）
- 43g　シャンピニオン
- 8g　白ワイン
- 0.5g　塩
- 適量　白こしょう

盛り付け
- 適量　バゲット
- 適量　オリーブオイル、にんにく

préparation

（1）材料を切る。

レタスのクリームスープ
- エシャロット ⇒ 5〜7mm角に切る。
- シャンピニオン ⇒ 縦半分、厚さ3〜5mmに切る。
- レタス ⇒ 幅2cmの千切り。
- じゃがいも ⇒ 縦4つ、厚さ1.5cmの薄切り。

ガルニチュール
《蛙のもも肉》
- エシャロット、にんにく ⇒ 2〜3mm角に切る。
- セルフィーユ ⇒ みじん切り。

《シャンピニオン》
- シャンピニオン ⇒ 軸のところは使わず、8mm角に切る。

---

notes
[※1] 蛙のもも肉が手に入らない場合は、鶏のもも肉で代用出来ます。

Soupe

Crème de champignons et laitue aux cuisses de grenouilles
★★☆☆

recette

レタスのクリームスープを作る。

1 鍋にオリーブオイルを入れて熱し、エシャロットを加える。途中フタをして蒸し煮にし、しんなりして軽く色づくまで炒める。マッシュルームを加え、木べらで混ぜながら弱火で炒める。

2 フォン・ドゥ・ヴォライユを加え、レタスとじゃがいもを加えて火にかける。

3 塩、こしょうを加え、じゃがいもが十分に柔らかくなるまでフタを5mmずらして弱火で17〜18分煮る。こし器にあけて具と煮汁に分ける。

4 3の具をフードプロセッサーにかける。回しやすくするため煮汁を少し入れ、レタスの繊維が切れるくらいまで軽く回す。さらに数回に分けてミキサーにかけ、野菜の粒がなくなるまで回す。

ガルニチュールを作る。
《蛙のもも肉》
1 P43「グリーンアスパラガスと蛙のもも肉のクルスタッドゥ」ガルニチュール《蛙のもも肉》と同様に炒める。
⚠ ここでは最後にコリアンダーの代わりにセルフィーユを加え、こしょうで味を調えます。

《シャンピニオン》
2 フライパンに澄ましバターを入れて熱し、シャンピニオン、白ワインを加え、塩、こしょうをして煮る。

盛り付ける。
1 レタスのクリームスープを温め、生クリームを加える。塩、こしょうで味を調える。
⚠ あまりしょっぱいとレタスの味がしなくなります。

2 ガルニチュールの蛙のもも肉とシャンピニオンを1に加える。

3 バゲットはP86「スープ・オ・ピストゥー」同様にオリーブオイルを塗ってオーブンで焼き、表面ににんにくをこすりつけて香りをつける。

4 温めた器にスープを注ぎ、バゲットを添える。

鶏肉で作る場合は・・・

澄ましバターでエシャロットとにんにくを加えて炒め、鶏肉を加える。白ワインを加え、フタをして10分蒸し煮にしたらセルフィーユを加え、3分ほど火にかけます。鶏を手でほぐしてガルニチュールとして使う。

Soupe de moules au basilic

4人分
難易度 ★★☆☆

ムール貝のスープ

季節によってムール貝の味は変わります。フランスでは1年を通して食べる事が出来ますが、最もおいしいとされるシーズンは9月から2月の間です。フランスのムール貝はしっかりとした味があり、調理後の汁はコクのある味わいです。日本産のムール貝を使用する場合にはフュメ・ドゥ・ポワソンを加えて味を調えて下さい。身の小ぶりなものがおいしいとされ、磯の香りがします。

Soupe

Soupe de moules au basilic
★★☆☆

ingrédients

ムール貝のスープ　24cmフライパン、15cm手鍋使用

7.5g	オリーブオイル
43g	エシャロット
10g	にんにく
50g	シャンピニオン
1kg	ムール貝
125g	白ワイン
500g	フュメ・ドゥ・ポワソン（⇒P212）
1束	ブーケガルニ
	タイム…2本
	ローリエ…1/2枚
	イタリアンパセリ…3本
50g	トマト
20g	ルー（なくても可）（⇒P221）
適量	サフランパウダー（クトーの先5mmを1～2回）
少々	カイエンヌペッパー
3g	キルシュ（足りなければ好みで4g足す）
75g	生クリーム（35％）
3g	バジル
適量	シブレット
適量	バター（またはオリーブオイル）
適宜	黒こしょう

ソース・ルイユ

10g	マスタード
2個	卵黄
7g	にんにく
125g	グレープシードオイル
125g	オリーブオイル
90g	ムール貝のピュレ

盛り付け

適量	バゲット

préparation

(1) 材料を切る。
　<u>エシャロット、にんにく、シャンピニオン</u> ⇒ 粗く刻む。
　<u>トマト</u> ⇒ 湯むき（⇒P221）して7～8mm角に刻む。
　<u>バジル</u> ⇒ 幅5mmの細切りにする。
　<u>シブレット</u> ⇒ 小口から2～3mmに切る。

recette

ムール貝のスープを作る。

1　鍋にオリーブオイルを熱し、エシャロットを入れて炒め、少ししんなりしたら、にんにくを加えて炒める。シャンピニオンを加え、ほんの少し色がつくまで炒める。

2　ムール貝を加えて炒め、白ワイン、フュメ・ドゥ・ポワソン、ブーケガルニ、トマトを入れ、フタをして貝の口が開くまで煮る。
　※ フュメ・ドゥ・ポワソンは缶詰を使う場合、ここでは水2：フュメ1の割合で使って下さい。

3　ムール貝は殻からスプーンなどで身を取り出し、周りの黒い部分を取る（⇒P119）。煮汁はこし器でこす。こし器に残った野菜も取っておく。
　※ ソース・ルイユの硬さを調節するため、煮汁を少し取り分けておきます。

4　3で取り分けた野菜とムール貝をフードプロセッサーにかける。回しやすくするため煮汁を少し入れる。さらにミキサーにかけ、こした煮汁に戻す。

5　火にかけ、とろみが足りなければルーを加える。サフランパウダー、カイエンヌペッパーを加える。

6　キルシュ、生クリーム、バターを加える。火を止めてバジル、シブレットを加える。こしょうで味を調える。

ソース・ルイユを作る。

1　ボウルに卵黄、マスタード、すりおろしたニンニクを入れ、グレープシードオイルを分離しないように少しずつ加え混ぜる。

2　オリーブオイルを少しずつ加えて混ぜる。

3　ムール貝のピュレを加え、硬さを調節する。

盛り付ける。

1　器にスープを注ぎ、<u>ソース・ルイユ</u>とバゲットを添える。

Vichyssoise

ヴィシソワーズ

ポロねぎとじゃがいもを使った冷製のポタージュです。この料理の味の決め手は何といってもじゃがいもの選び方です。
フランスでは煮込みにはこれ、フリットにはこれ、と様々な種類のじゃがいもが選べますが、日本で作る場合は、キタアカリやメークインがよいでしょう。2種類を合わせて作ってもよいですよ。

4 人分
難易度 ★★☆☆

Soupe

Vichyssoise
★★☆☆

ingrédients

ヴィシソワーズ　15cm手鍋使用

- 30g　バター
- 200g　ポロねぎ
- 500g　フォン・ドゥ・ヴォライユ（⇒P210）
- 90g　じゃがいも（キタアカリまたはメークイン）
- 3.4g　塩
- 適量　白こしょう
- 150g　生クリーム（35％）
- 1.5g　セルフィーユ
- 5g　ウスターソース

ブール・ドゥ・トリュフ

- 25g　バター
- 2.5g　ジュー・ドゥ・トリュフ（なくても可）
- 5g　トリュフ
- 0.2g　塩
- 適量　白こしょう

盛り付け

- 4本　シブレット
- 適量　バゲット

préparation

（1）材料を切る。

ヴィシソワーズ
- ポロねぎ ⇒ 縦4つ、厚さ5mmに切る。
- じゃがいも ⇒ 2cm角に切る。
- セルフィーユ ⇒ ごく細かいみじん切り。

ブール・ドゥ・トリュフ
- トリュフ ⇒ 2mm角に切る。

盛り付け
- シブレット ⇒ 小口から2〜3mmに切る。

（2）フォン・ドゥ・ヴォライユは温めておく。

recette

ブール・ドゥ・トリュフを作る。

1　柔らかめのポマード状にしたバターにジュー・ドゥ・トリュフを加えて混ぜる。トリュフ、塩、こしょうを加えて混ぜる。

ヴィシソワーズを作る。

1　手鍋にバターを入れて熱し、ポロねぎを炒める。フタをして蒸し煮にし、木べらで時々混ぜながら色はつけずに柔らかくなるまで炒め、温めたフォン・ドゥ・ヴォライユを加える。

2　じゃがいもを加えて塩、こしょうをし、十分に柔らかくなるまで弱火で約20分煮る。こし器にあけて具と煮汁に分ける。

3　熱いうちに具を少量の煮汁と共にミキサーにかける。
　※ あまり長い時間回すとじゃがいもの粘りが出てしまうので、注意して下さい。

4　目の細かいこし器で裏ごし、残りの煮汁を加えてゴムべらでゆっくりと混ぜながら20℃まで冷やす。生クリームを加える。
　※ 冷たすぎると味わいに膨らみが出ません。

5　セルフィーユとウスターソースを加えて混ぜる。

盛り付ける。

1　器にスープを注ぎ、シブレットを散らす。
　※ 出来あがりは670g（1皿につき170g）。味によってフォン・ドゥ・ヴォライユと生クリームを足します。

2　バゲットを厚さ5mmにスライスし、表面がカリッとするまで180℃のオーブンで3分焼く。**ブール・ドゥ・トリュフ**を塗り、スープに添える。

Gaspacho

ガスパチョ

スペイン・アンダルシア地方生まれのトマトをベースにした野菜の冷たい濃厚なスープです。
別名「食べるスープ」とも呼ばれます。火を使わずに作れます。食欲が落ちやすい暑い夏に。

Soupe

Gaspacho
★★☆☆

5〜6人分
難易度　★★☆☆

ingrédients

ガスパチョ
- 30g　パン・ドゥ・ミ（⇒P228）
- 17g　赤ワインヴィネガー
- 220g　きゅうり
- 80g　赤パプリカ
- 75g　紫玉ねぎ
- 16g　にんにく
- 4個　トマト
- 適量　トマトの種をこした汁
- 340g　水
- 10g　オリーブオイル
- 適宜　タバスコ
- 3g　塩

ガルニチュール
- 34g　エシャロット
- 40g　きゅうり
- 6g　シブレット
- 2g　セルフィーユ
- 2個　固茹で卵

クルトン　18cmフライパン使用
- 30g　パン・ドゥ・ミ（⇒P228）
- 適宜　ピーナッツオイルとサラダオイル

préparation

(1) 材料を切る。

ガスパチョ
- きゅうり ⇒ 皮をむき、種を取り、1.5cm角に切る。
- 赤パプリカ ⇒ 種とワタを取り、1.5cm角に切る。
- 紫玉ねぎ ⇒ 1.5cm角に切る。
- にんにく ⇒ 1cm角に切る。
- トマト ⇒ 1.5cm角に切る。

ガルニチュール
- エシャロット、セルフィーユ ⇒ 3mm角のみじん切り。
- シブレット ⇒ 小口から2〜3mmに切る。
- きゅうり ⇒ 皮をむき、縦半分、種を取って5mm角くらいに切る。
- 固茹で卵 ⇒ 白身は細かいみじん切り、黄身は裏ごしする。

(2) パン・ドゥ・ミはちぎって赤ワインビネガーに浸しておく。

recette

ガスパチョを作る。

1 赤ワインヴィネガーに浸したパン・ドゥ・ミをドロッとするまでフードプロセッサーにかける。

2 きゅうり、赤パプリカ、紫玉ねぎ、にんにくを加えてフードプロセッサーにかける。トマト、トマトの種をこした汁も加える。ミキサーに移してレードルで水を少しずつ加えながらさらに回す。オリーブオイル、タバスコ、塩を加え味を調える。冷蔵庫で十分に冷やす。

盛り付ける。

1 クルトンのパン・ドゥ・ミは1.5cm角に切り、キツネ色になるまで揚げる（⇒P228）。

2 器にガスパチョを注ぎ、**ガルニチュール**、**クルトン**を散らす。

Soupe à l'oinon gratinée

オニオングラタンスープ

直径 13cm × 高さ 8cm の耐熱容器　4 個分
難易度　★☆☆☆

パリのレ・アールにあるビストロ「オ・ピエ・ド・コション」はオニオングラタンスープが有名です。この辺りはかつて市場があったところであり、またオペラ座にも近いため、市場で働く人たちや観劇帰りの人たちに親しまれてきました。多くのフランス人にとって、とてもトラディショナルなスープであり、私もとても大好きです。フォンに玉ねぎ、チーズ、そしてパン。シンプルな素材で作る、素朴でとても暖かみのあるスープです。ぜひ寒い季節に味わって下さい。

Soupe

Soupe à l'oinon gratinée
★☆☆☆

ingrédients

オニオンスープ　24㎝両手鍋使用

75g	バター
500g	玉ねぎ
適量	黒こしょう
50g	白ワイン（辛口）※1
1ℓ	フォン・ドゥ・ヴォライユ（⇒P210）
5g	塩※2
40g	マデラ酒

仕上げ

1皿につき3枚	バゲットまたはパン・ドゥ・カンパーニュ
1皿につき20g	コンテチーズのすりおろし
適量	黒こしょう

notes
※1　ドゥニさんの講習会時にはブルゴーニュのサン・ヴェランを使いました。
※2　塩は味を見ながら少しずつ加えるので、全量入らない場合もあります。

préparation

(1) 材料を切る
　<u>玉ねぎ</u> ⇒ 縦半分に切り、繊維に直角に厚さ6mmに切る。

(2) バゲットは厚さ1cmにスライスし、天板に並べて160℃のオーブンで10〜15分焼く。途中で裏表を返し、両面を焼き、しっかりと乾燥させる。
　△ パンはしっかりした硬さのあるものを選びます。
　△ しっかりした硬さのあるパン・ドゥ・カンパーニュを使う場合は、160℃のオーブンで20分焼きます。

recette

1 厚手の鍋にバターを入れて中火でフツフツさせ、玉ねぎを手でほぐしながら4〜5回に分けて加え炒める。しんなりとしてくるまで木べらで時々混ぜながら、フタをしないで中火で炒める。しんなりするまで約25分程度。

2 玉ねぎが少し黄色っぽくなり、全体がしんなりしたら、塩少々とこしょうを加え、弱火で炒める。ここからはフタをして木べらで混ぜながら炒めていく。とても柔らかいが、少しだけ歯触りが残り、玉ねぎの輪郭がはっきり残るように炒める。軽く焼き色がつくまで大体45〜50分程度。
　△ 焦げると苦味が出てしまうので焦がさないよう十分気をつけます。
　△ ここまでは前日に作っておいても大丈夫です。

3 白ワインを加えてアルコール分を飛ばし、再び沸騰したら温めておいたフォン・ドゥ・ヴォライユを加える。

4 さらに沸騰したら塩を加え、少しフツフツするくらいの弱火で約15分煮る。最後に香りづけにマデラ酒を加える。
　△ あくはすくいません。

仕上げる。

1 耐熱性の容器にスープを注ぎ、バゲットとコンテチーズのすりおろしをのせ、こしょうをふる。

2 300℃のオーブンに3〜4分入れて焼き色をつける。

Crème de lentilles aux croûtons et lardons

レンズ豆のスープ　細切りベーコンとクルトン入り

4人分
難易度 ★★☆☆

最もおいしいレンズ豆はル・ピュイ産のもので、AOC（原産地呼称統制の認定品）を獲得しています。ル・ピュイはオーヴェルニュ地域圏、オート・ロワール県のコミューンで、正式な名前をル・ピュイ・アン・ヴレと言います。起伏の多いこの土地で育ったレンズ豆は、粒が小さく色が特徴のあるグリーン、そして何よりも他とは比べることの出来ない味わいがあります。肉やフォワグラ、卵、サーモンなどと良く合います。今回はベーコンと合わせました。

Soupe

Crème de lentilles aux croûtons et lardons
★★☆☆

ingrédients

レンズ豆のスープ　24cm両手鍋使用
- 13g　澄ましバター（⇒P220）
- 43g　豚ばら肉
- 18g　にんじん
- 20g　セロリ
- 20g　ポロねぎ
- 10g　にんにく
- 1ℓ　フォン・ドゥ・ヴォライユ（⇒P210）※1
- 150g　乾燥レンズ豆（ル・ピュイ産）
- 1束　ブーケガルニ
  - タイム…2本
  - ローリエ…1/2枚
  - パセリ…3本
- 50g　生クリーム（35％）
- 15g　バター
- 適量　塩、白こしょう

ベーコン　18cmフライパン使用
- 75g　オリーブオイル
- 60g　ベーコン

クルトン　18cmフライパン使用
- 200g　ピーナッツオイル
- 60g　パン・ドゥ・ミ（⇒P228）

盛り付け
- 適量　セルフィーユ

préparation

（1）材料を切る。

レンズ豆のスープ
- 豚ばら肉 ⇒ 8mm角、長さ3cmの棒状に切る。
- にんじん、セロリ、ポロねぎ ⇒ 5mm角に切る。
- にんにく ⇒ 粗めのみじん切り。

ベーコン
- ベーコン ⇒ 8mm角、長さ4cmの棒状に切る。

クルトン
- パン・ドゥ・ミ ⇒ 1cm角に切る。

notes

※1　レンズ豆の味がしっかりしているので、インスタントのブイヨンを使ってもおいしく出来ます。豆を戻す時間などが必要なく短時間で作れるのでぜひ作ってみて下さい。

recette

レンズ豆のスープを作る。

1 両手鍋に澄ましバターを入れて熱し、豚ばら肉を炒める（あまり色はつけない）。続けてにんじん、セロリ、ポロねぎを加えて炒める。最後ににんにくを加え、フタをして蒸し煮にする。
⚠ にんにくは苦さが出るため、最後に加えます。

2 フォン・ドゥ・ヴォライユ、レンズ豆、ブーケガルニを加え、フタをずらして弱火で50分〜1時間煮る。塩を加えて火を止める。
⚠ 塩は乾燥した豆の皮を硬くするため、最後に加えます。

3 ブーケガルニを取り出し、豆と煮汁に分ける。

4 レンズ豆を少量の煮汁と共にフードプロセッサーにかける。さらに残りの煮汁とミキサーにかけて滑らかにする。

5 鍋に戻し、再び火にかける。生クリームとバターを加え、ホイッパーで軽く混ぜて塩、こしょうで味を調える。

ベーコンを作る。

1 フライパンにオリーブオイルを入れて熱し、ベーコンを加える。表面がカリッとするまで中火で炒めたらこし器にあけて油をきる。

クルトンを作る。

1 フライパンにピーナッツオイルを入れて熱し、キツネ色になるまで揚げる（⇒P228）。

盛り付ける。

1 レンズ豆のスープを温め直して**ベーコン**を加える。器に注ぎ、**クルトン**とセルフィーユを散らす。

Rubriques 4

ドゥニさんの食の履歴書…2
常に成長したいと、貪欲に学んだ修業時代

　14歳で職人の道に入った時、それはもう幸せでした。ずっと望んでいたことが実現したのですから。プロになるためには2つの選択肢があります。1つは初めから店の見習いになってその傍ら学校の授業を受けること。もう1つは職業学校に入学することです。私の場合は両親が「学校へ行った方がいい」と強く勧めましたので、当時はわずかしかなかったパティスリーの職業学校の入学試験を受けました。商工会議所の経営する学校で、食に関する全ての業種がありました。パン店、菓子店、精肉店、鮮魚店、惣菜店、料理とそのサービスなど。私は菓子店のオプションを取り、平日は毎日一般の科目や会計学などを学び、実習や職業に関する技術的授業を受けました。非常に質が高いと評判の学校で、2年間は毎日学校で授業を受け、最後の1年は学校からの推薦で店に実習に入り、学校へは週1日ほど行って研修期間を務めるというプログラムでした。

　ただ、年3回のバカンス(クリスマス、復活祭、夏休み)は菓子店も忙しく、1年生でも研修が出来ました。両親は「1年生のうちから働くなんて」といい顔はしませんでしたが、私は少しでも早く仕事を覚えたかったので、先生に懇願して両親を説得してもらい、パリのパティスリー『ミエ』でお世話になることになりました。

　私が通っていたのは職業学校なので、それだけで普通の学校の生活とは違いました。ましてや実際に店で働くことなど普通の学生生活にはないことでした。仕事にはリズムがあり、張りつめた空気がありました。まだ子供だった私にとってはかなりきつい経験でしたが、ミエ氏は正当に評価する人でもありました。きちんと仕事をすれば働きに応じて少しずつ仕事を任せてくれました。そうやって人は成長出来るのです。

　最終学年の実習の時もミエで研修しました。私は3年生の1年間をミエで研修するとともに、CAP (Certificat d'Aptitude Professionnelle:職業適性証書)の試験を受けました。

　ミエ氏は完璧主義者です。仕事が好きで、とても理想が高く、自分自身に厳しい人でした。当時ミエ氏はいつも厨房にいました。朝いちばんに来て、材料も厳しく選んでいました。仕事に定時などありませんでしたが、当時は皆それを受け入れていました。私が初めてミエに行った時はまだオープンして3～4年目でミエ氏の他には職人が3～4人だけでしたが、その後少しずつ店は大きくなっていきました。いつも新しい何かを始める人で、ひとたび始めると人を適所に配置し、アシスタントを使って運営していく。そういう人です。とにかく理想が高く、仕事には厳しかったですが、いつも学びたいと思っている私にはちょうどよかったのです。

　CAPを取得し、職人として就職すると「コミ」になります。通常CAPを取得すると、基礎の生地やクレームを作ることが1人でこなせるようになっています。「コミ」とは「アプランティ」(見習い)より上の段階で、各部署の責任者ではありませんが、責任者の下で働き、ある程度の商品を1人で、あるいは皆で仕上げることが出来る人です。

　ミエの場合、オーナーがいて、厨房のパティスィエがいて、その下に各部署の責任者、その下にコミがいます。仕事は通常、平日なら朝6時～6時半に始まります。終わる時間は仕事の内容によりますが、夜7時、8時、あるいは9時…。日曜日は朝3～4時から仕事を始め、午後3～5時頃に終わります。曜日によっても季節によっても違いますが、休みは日曜日の午後3～4時以降と月曜日です。昔のコミたちは、別の部署の仕事を覚えるために皆自分の仕事を早く終わらせてから同僚を手伝い、他の部署の仕事も覚えました。今は自分の仕事を済ませるとそれで終わり。それではより早く仕事を覚えることなど出来ません。

　一般的に食に関する仕事は他の業種と比べてどうしても働く時間が長くなります。時代が変わって労働時間と休日が規制されるようになりましたが、労働時間は早く終わっても、仕事が好きで仕事を覚えたければもっと働いても構わないのです。その人の意欲次第ですが、だんだんそのような考え方は薄れているようです。

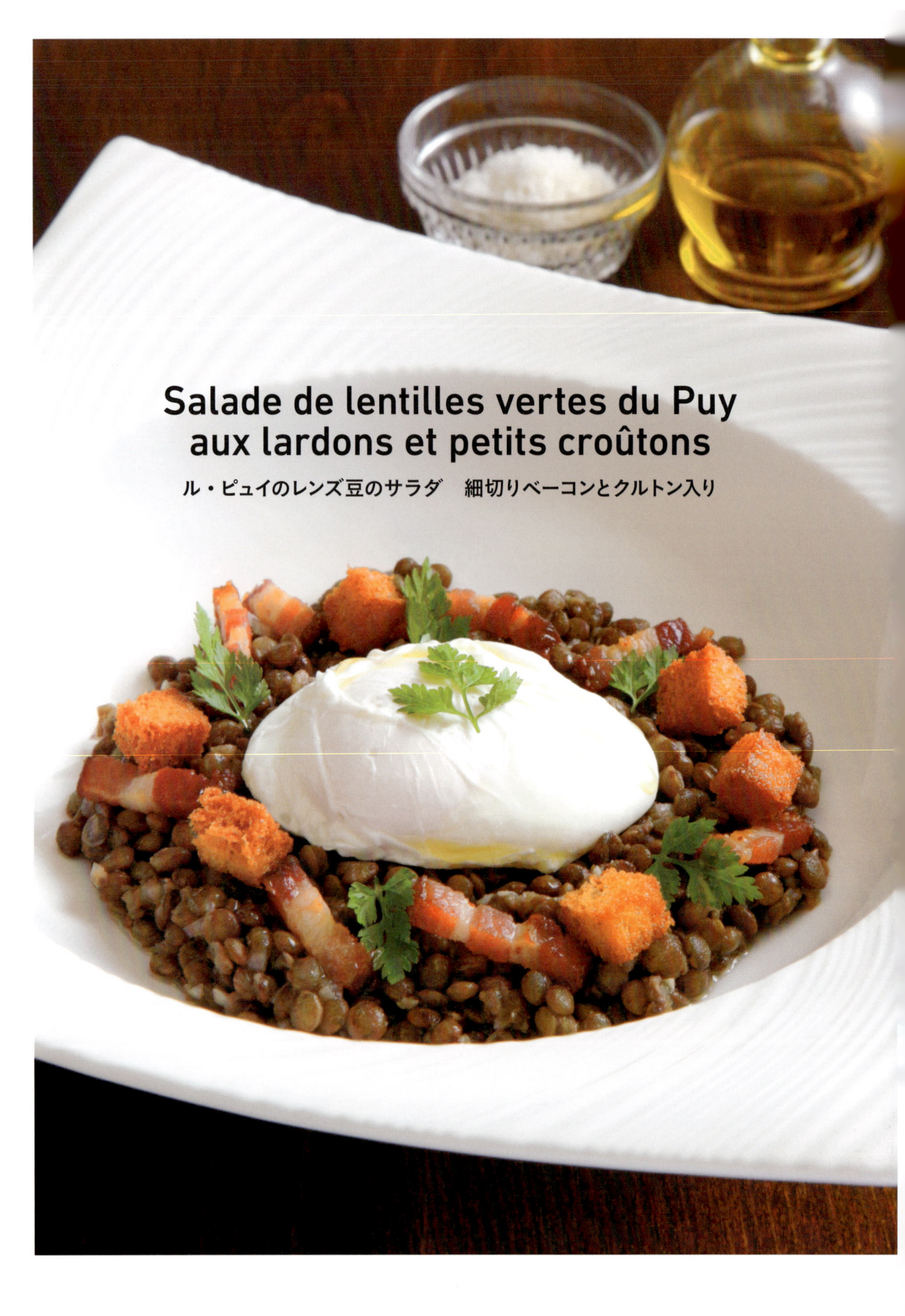

Salade de lentilles vertes du Puy aux lardons et petits croûtons

ル・ピュイのレンズ豆のサラダ　細切りベーコンとクルトン入り

Salade de suprême de volaille et ris de veau

鶏むね肉とリ・ドゥ・ヴォーのサラダ

Salade de lentilles vertes du Puy aux lardons et petits croûtons

ル・ピュイのレンズ豆のサラダ　細切りベーコンとクルトン入り

フランス中部オーヴェルニュ地方のレンズ豆を使った温製サラダです。
乾燥したレンズ豆は水から茹でます。最初から塩を加えると皮が剥がれて縮むことがあるため、必ず茹であがりの直前に塩を加えます。レンズ豆の上にのせるポーチドエッグの状態も重要です。白身はしっかり火が通り、黄身は半熟くらいの硬さがよいでしょう。
オーヴェルニュ地方にはよいシャルキュトゥリー（豚肉加工品）が多く、レンズ豆とも相性がよいので、ガルニチュールにはベーコンを加えました。
今回は加えていませんが、お好みでサンネクテールなど、オーヴェルニュ地方のチーズを合わせてみても面白いでしょう。

4人分
難易度　★★☆☆

ingrédients

レンズ豆のサラダ　15cm手鍋使用
- 100g　乾燥レンズ豆（ル・ピュイ産）
- 500g　水
- 2.1g　塩
- 20g　エシャロット

ベーコン　18cmフライパン使用
- 4g　オリーブオイル
- 76g　ベーコン

クルトン　18cmフライパン使用
- 50g　パン・ドゥ・ミ（⇒P228）
- 210g　ピーナッツオイル

ポーチドエッグ　15cm手鍋使用
- 800g　お湯
- 80g　白ワインヴィネガー
- 4個　卵※1

ソース・ヴィネグレット
- 4g　シェリー酒ヴィネガー
- 8g　赤ワインヴィネガー
- 22g　オリーブオイル
- 22g　ピーナッツオイル
- 4g　マスタード
- 1.6g　塩
- 適量　白こしょう

仕上げ
- 適量　セルフィーユ
- 適量　オリーブオイル
- 適量　フルール・ドゥ・セル（1皿につき0.1g）

notes
※1　卵はSSサイズを使います。

préparation

(1) 材料を切る。

レンズ豆のサラダ
　エシャロット ⇒ 細かいみじん切り。

ベーコン
　ベーコン ⇒ 1cm角、長さ4cmの棒状に切る。

クルトン
　パン・ドゥ・ミ ⇒ 1.5cm角に切る。

Salade

Slade de lentilles vertes du Puy aux lardons et petits croutons
★★☆☆

recette

ソース・ヴィネグレットを作る。
1 ボウルに材料を入れ、ホイッパーで混ぜ合わせる。

レンズ豆のサラダを作る。
1 レンズ豆と水を手鍋に入れ、軽くフツフツするくらいを保ちながら弱火で約25分煮る。煮あがったら火を止めて塩を加える。こし器にあけて煮汁をきり、ボウルに移して室温で冷ます。
△ 煮あがりはほんの少し煮汁が残るくらいです。

2 1にエシャロットとソース・ヴィネグレットを加え混ぜる。

ベーコンを作る。
1 フライパンにオリーブオイルを入れて熱し、ベーコンを加える。表面がカリッとするまで中火で炒めたらこし器にあけて油をきる。

クルトンを作る。
1 フライパンにピーナッツオイルを入れて熱し、キツネ色になるまで揚げる(⇒P228)。

ポーチドエッグを作る。
1 P37「フィレンツェ風　ほうれん草と半熟卵のクルスタッドゥ」ガルニチュール2〜4と同様に作る。

盛り付ける。
1 常温の器にソース・ヴィネグレットを和えたレンズ豆のサラダ75gを盛り付ける。

2 ポーチドエッグを中央に1つのせ、周りにベーコン10g(6個)、クルトン10g(6個)、セルフィーユをのせる。

3 オリーブオイルを卵の上と周囲に回しかけ、フルール・ドゥ・セルを卵の上にふる。
△ オリーブオイルはたっぷりかける方がおいしいです。

ワイン
白ワインか軽めの赤ワインが合います。

Salade de suprême de volaille et ris de veau

鶏むね肉とリ・ドゥ・ヴォーのサラダ

色とりどりの材料を、取り揃えた美しいサラダです。フライパンで焼いたリ・ドゥ・ヴォーと香りをつけたフォンで茹でた鶏の胸肉が、素晴らしい味と繊細さをもたらしてくれます。いくつかの野菜を少量加え、蜂蜜風味の柔らかなソース・ヴィネグレットで和えます。

4人分
難易度　★★☆☆

ingrédients

サラダ

《リ・ドゥ・ヴォー》
- 適量　澄ましバター（⇒P220）
- 110g　リ・ドゥ・ヴォー[※1]

《アーティチョーク》
- 100g　アーティチョーク（冷凍・生）[※2]
    - 下茹で用
        - 水…600g
        - レモン汁A…大さじ1
        - 強力粉…20g
        - レモン汁B…20g
        - オリーブオイル、粗塩…各適量
- 適量　オリーブオイル
- 15g　白ワイン
- 適量　塩、白こしょう

《鶏むね肉》
- 適量　フォン・ドゥ・ヴォライユ（⇒P210）
- 110g　鶏むね肉

《ガルニチュール》
- 適量　オリーブオイル
- 100g　ズッキーニ
- 70g　シャンピニオン
- 100g　いんげん
- 126g　葉野菜[※3]
    - グリーンカール…63g
    - ロメインレタス…63g
- 5g　セルフィーユ

ソース・ヴィネグレット
- 19g　蜂蜜ヴィネガー[※4]
- 37g　ヘーゼルナッツオイル[※5]
- 37g　ピーナッツオイル
- 2.4g　塩
- 適量　白こしょう

préparation

（1）ボウルにリ・ドゥ・ヴォーを入れ、水道水を細く流しながら約1時間さらし、できるだけ血抜きをする。

（2）（1）のリ・ドゥ・ヴォーを鍋に入れ、3〜4倍量の水を加えて火にかけ、1〜2分沸騰させる。
※ 火にかけている間は常にアクをとり、不純物をなるべく取り除きます。

（3）こし器にあけ、水でよくすすぐ。薄い膜を大体取り除き、きれいにして布巾で水気をよく拭き取り、薄切りにする。

notes

※1　仔牛の胸腺肉。仔牛がミルクを飲む時に使う内蔵の一部で、草を食べるようになり成長するとなくなってしまう貴重な部位。代わりにはなりませんが、鶏レバーを浅めにソテーしたもので作ってみてもおいしいです。

※2　地中海沿岸原産。西欧ではポピュラーな野菜の1つ。本書では輸入の冷凍アーティチョークを使用。生でおいしいものがあればぜひ生のアーティチョークをお使い下さい。

※3　葉野菜なら何を使っても構いません。

※4　蜂蜜を発酵させて作ったもの。ヴィネガーの味が大切なので、甘すぎないものを選ぶこと。

※5　ヘーゼルナッツ特有の香りと味わいがあります。オリーブオイルでもよいですが、肉など素材の味の強いものに合わせるのに向いています。

Salade

Salade de suprême de
volaille et ris de veau
★★☆☆

(4) アーティチョークに水とレモン汁Aを加えて解凍する。解凍したら皮をむく。
　　※生のアーティチョークを使う場合は、この工程は必要ありません。

(5) 両手鍋に解凍した時の浸け汁、強力粉を入れてホイッパーで混ぜる。レモン汁Bを加えて混ぜ、アーティチョーク、オリーブオイル、粗塩を加えて紙ブタをして中火にかける。沸騰したら柔らかくなるまで約30分煮る。汁に浸けたまま常温で冷ます。
　　※強力粉はアクを吸着させるため、レモン汁は黒ずみを止めるために加えます。
　　※時間はアーティチョークによって異なりますが、ナイフを刺してみてスッと通るくらいの柔らかめに茹でます。

(6) フライパンにオリーブオイルを入れて熱し、アーティチョークを軽く炒めてしんなりさせてから白ワインを加え、フタをして蒸し煮にする。水分が飛んだら塩、こしょうで味を調える。
　　※生のアーティチョークを使う場合は、この工程は必要ありません。

(7) 材料を切る。
　　<u>ズッキーニ</u> ⇒厚さ5mmの輪切り。
　　<u>シャンピニオン</u> ⇒縦4つに切る。
　　<u>アーティチョーク</u> ⇒10等分に切る
　　<u>いんげん</u> ⇒1％の塩を加えたお湯（分量外）で塩茹でし、冷水にとる。長さ4cmに切る。
　　<u>葉野菜</u> ⇒根元の部分は幅3cm、葉先は縦半分に切り、幅3cmに切る。
　　<u>セルフィーユ</u> ⇒粗めのみじん切り。

recette

サラダを作る。
1 鶏むね肉はフォン・ドゥ・ヴォライユで5〜8分茹でて、フォンに入れたまま冷まし、薄切りにする。

2 フライパンに澄ましバターを入れて熱し、リ・ドゥ・ヴォーの薄切りを焼く。

3 フライパンにオリーブオイルを入れて熱し、ズッキーニを焼く。シャンピニオンも同様に焼く。

ソース・ヴィネグレットを作る。
1 ボウルに材料を入れ、ホイッパーで混ぜ合わせる。

盛り付ける。
1 サラダにソース・ヴィネグレットをそっと混ぜ合わせ、器に盛り付ける。

🍷 ワイン
白ワインか軽めの赤ワインが合います。

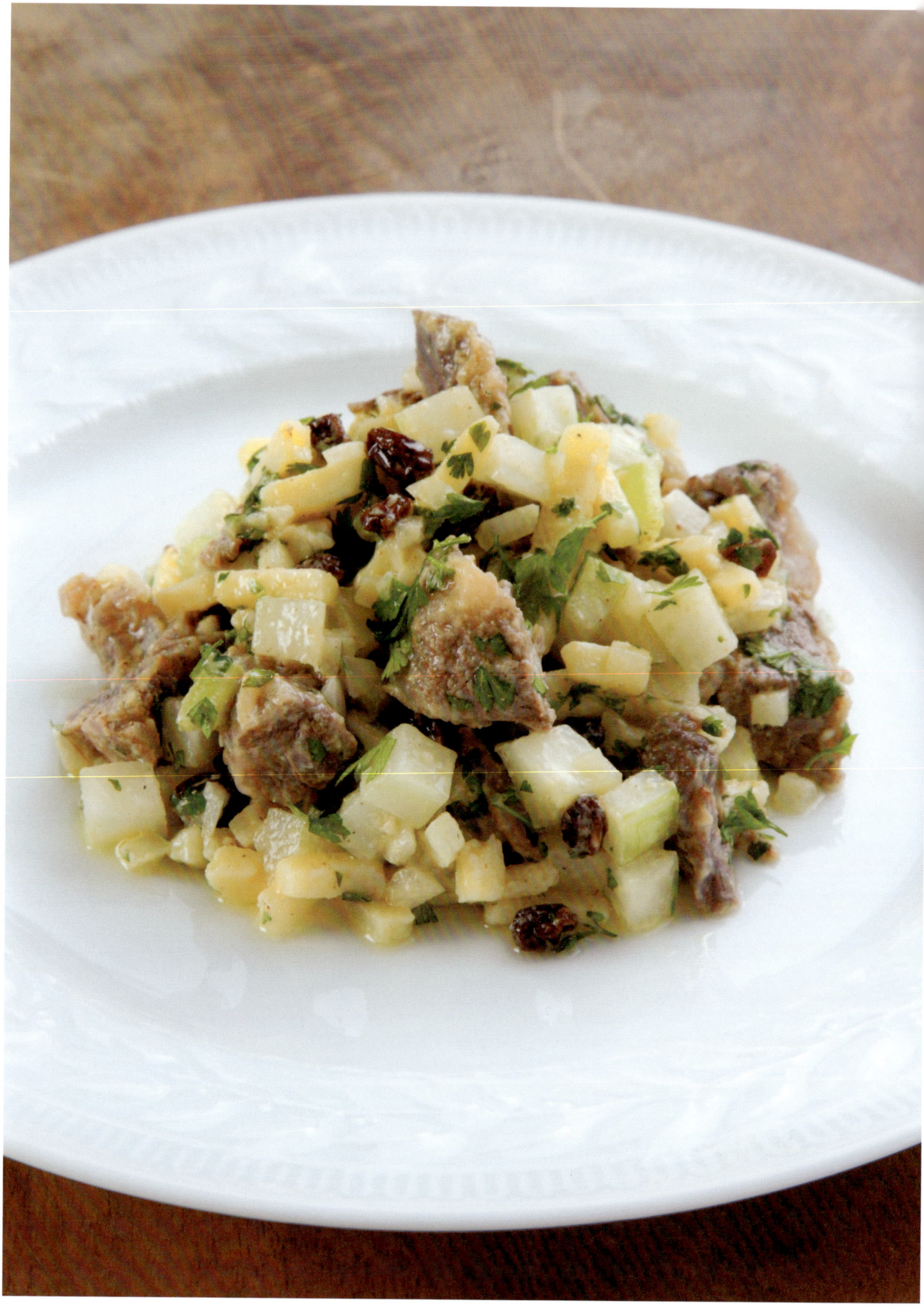

Salade de bœuf rustique à l'auvergnate

オーヴェルニュ風　オックステールのサラダ

オーヴェルニュ地方のとても素朴な味わいのサラダです。フォンで茹でたオックステールと香り高い野菜、そしてチーズの取り合わせが素晴らしい味わいを作りだします。

4人分
難易度　★★☆☆

ingrédients

オックステール
- 300g　オックステール[※1]
- 500g　水
- 500g　フォン・ドゥ・ヴォライユ（⇒P210）
- 適量　塩、白こしょう

オックステールのサラダ
- 138g　オックステール（煮て骨を外したもの）[※1]
- 50g　玉ねぎ
- 32g　カランツレーズン[※2]
- 110g　セロリ
- 80g　カンタルチーズ[※3]
- 6.6g　セルフィーユ

ソース・ヴィネグレット
- 16g　赤ワインヴィネガー
- 10g　ピーナッツオイル
- 16g　オリーブオイル
- 34g　マスタード
- 2.4g　塩
- 1.2g　白こしょう

notes
※1　牛の尾。ゼラチン質が高く、スープや煮込み等に使われます。
※2　小粒のレーズン。カレンツとも言います。
※3　よい状態のカンタルが手に入らなければトム・ドゥ・サヴォワやグリュイエールチーズでも可。

préparation

（1）オックステールはタコ糸で縛り、フォン・ドゥ・ヴォライユ、水、塩、こしょうを加えて煮る。冷まして24時間以上おく。骨を外し、1.5cm角に切る。

（2）材料を切る。
　玉ねぎ ⇒ 5mm角に切る。
　セロリ ⇒ 筋を取り、5mm角に切る。
　カンタルチーズ ⇒ 3mm角、長さ3cmの棒状に切る。
　セルフィーユ ⇒ 粗めのみじん切り。

（3）カランツレーズンは沸騰したお湯（分量外）に入れてすぐに火を止めてそのまま4～5分おく。こし器にあけて水けをきり、さらにペーパータオルの上で十分に水けをきる。

（4）材料は冷蔵庫でよく冷やしておく。

ワイン
白ワインか軽めの赤ワインが合います。

recette

ソース・ヴィネグレットを作る。
1 ボウルに材料を入れ、ホイッパーで混ぜ合わせ、冷蔵庫で冷やしておく。

盛り付ける。
1 玉ねぎ、カランツレーズン、セロリ、チーズ、セルフイユにオックステールとソース・ヴィネグレットを加え、食べる直前に合わせて混ぜる。

variation

バリエーション

豚足のサラダ

オックステールを豚足に替えると、豚足のコリコリの食感が楽しいサラダになります。

4人分
難易度 ★★☆☆

茹でてある豚足400g、ブイヨン400g、塩4g、黒こしょう適量を入れ、フタをしないで20分煮る。煮汁ごと2、3時間から一晩おく(煮こごり状になる)。骨を外し、1.5cm角に切る。
その他作り方はP109「オーヴェルニュ風 オックステールのサラダ」と同様にする。

Salade corrézienne
コレーズ風　フォワグラと砂肝のサラダ

フランス中央リムーザン地域圏にあるコレーズ県が産地として有名な材料（フォワグラ、栗、家禽）を使用しているのでコレーズ風サラダと名付けました。フォワグラはテリーヌの下ごしらえとしてポルト酒とアルマニャック酒に漬けてあります。食べ応えのある1品にするために、砂肝のコンフィを合わせました。

Salade corrézienne
コレーズ風　フォワグラと砂肝のサラダ

6人分
難易度　★★★☆

ingrédients

フォワグラのテリーヌ※1
※出来あがりから100g使用

750g	フォワグラ（ガチョウ）
110g	ポルト酒
40g	アルマニャック
3g	塩
2g	ローズセル
1g	白こしょう
40g	ポルト酒
10g	アルマニャック
4g	塩
0.4g	白こしょう

（上の6項目にAの括弧）

砂肝のコンフィ　20cm手鍋使用
※出来あがりから93g使用

165g	砂肝
3g	粗塩
適量	粗挽き黒こしょう
400g	鴨の脂
3粒	粒黒こしょう
3粒	コリアンダーシード
1枚	ローリエ
1本	クローヴ
1本	タイム

サラダ

80g	葉野菜※2
	サラダ菜…40g
	ロメインレタス…40g
33g	ルッコラ
37g	鴨むね肉のスモーク※3
46g	栗（生）
16g	くるみ
適量	バゲット

ソース・ヴィネグレット

10g	赤ワインヴィネガー
35g	ヘーゼルナッツオイル
1g	塩
14挽	白こしょう

préparation

3〜4日前

(1) フォワグラは流水で血や汚れを取り、その後太い血管、筋、周りの薄い膜を取り除く。ビニール袋（二重にする）にフォワグラ、Aの材料を加え、上下を1日おきに入れ替えて2日間ほど漬け込む。
　※1日ではほとんど酒が中にしみ込みません。

前日

(1) 砂肝の筋を取り除く。ビニール袋（二重にする）に粗塩、粗挽き黒こしょうと共に入れて一晩漬け込む。

当日

(1) 材料を切る。

砂肝のコンフィ
　砂肝 ⇒ 1つを3〜4つに薄切りにする。

サラダ
　葉野菜 ⇒ 縦半分に切り、幅3cmに切る。
　ルッコラ ⇒ 幅3cmに切る。
　鴨むね肉のスモーク ⇒ 4〜5mmのそぎ切りにする。
　栗 ⇒ エストファッドゥ（⇒P214・分量外）または市販のチキンブイヨン（分量外）で10分茹で、1つを半分に切る。
　くるみ ⇒ 砕く。

(2) バゲットは厚さ1cmにスライスし、180℃のオーブンで3分、表面がカリッとするまで焼く。

notes
※1　フォワグラのテリーヌがある方がおいしいですが、砂肝のコンフィだけで作っても十分おいしいです。
※2　葉野菜なら何を使っても構いません。
※3　鴨むね肉のスモークはカラメルや砂糖などを使っていない、甘くないものを選んで下さい。

recette

Salade
Salade corrézienne
★★★☆

フォワグラのテリーヌを作る。

1 漬け込んでおいたフォワグラに塩、こしょうをして、ポルト酒、アルマニャックを周りにかけ、型にぴったりと敷き詰める。
   △ 型の底には一番きれいなフォワグラを入れます。傷のついているものが底にあると、熱で脂が流れやすくなります。

2 アルミホイルをかぶせ、お湯を型の2/3の高さまで張り、110℃のオーブンで1時間10分〜20分湯煎焼きにする。
   △ 途中奥と手前を入れ替えます。
   △ 中央に100℃計をさし、50℃になっていれば大丈夫です。

3 オーブンから出して冷まし、粗熱がとれたら重石（約460g）をのせ、5℃以下の冷蔵庫で休ませる。
   △ あまり時間をおかない方がおいしいですが、よく冷える冷蔵庫で1週間は保存できます。

4 お湯で包丁を温めながら厚さ1cmに切る。食べる時は5℃くらいに冷やす。

砂肝のコンフィを作る。

1 鍋に鴨の脂を溶かす。砂肝、こしょう、コリアンダーシード、ローリエ、クローヴ、タイムを入れて沸騰させる。

2 150℃のオーブンに移して約30分煮る。
   △ 砂肝は少し多めに作って保存しておくこともできます。脂に漬かった状態で1ヵ月くらい保存可能。

ソース・ヴィネグレットを作る。

1 ボウルに材料を入れ、ホイッパーで混ぜ合わせる。冷蔵庫で冷やしておく。

盛り付ける。

1 葉野菜、ルッコラをソース・ヴィネグレットの2/3量で和え、器の中央に盛り付ける。

2 フォワグラのテリーヌを切って2枚おき、砂肝のコンフィを散らす。

3 鴨のむね肉のスモークを2枚おき、栗とくるみを散らす。

4 残りのソース・ヴィネグレットを回しかける。オーブンで焼いたバゲットを添える。

🍷 ワイン
白ワインか軽めの赤ワインが合います。

Salade canaille aux foies de volailles

鶏レバーのサラダ　フランボワーズヴィネガー風味

フランボワーズヴィネガーをきかせた鶏レバーのソテーに小玉ねぎや葉野菜、
茸のソテーと共にボリュームたっぷりの一皿に。

4人分
難易度　★★☆☆

Salade canaille aux foies de volailles
★★☆☆

ingrédients

鶏レバーのソテー　24cmフライパン使用
- 適量　オリーブオイル
- 140g　鶏レバー
- 適量　塩、白こしょう
- 15g　エシャロット
- 15g　フランボワーズヴィネガー[※1]

サラダ
- 120g　葉野菜[※2]
  - ピンクロッサ…40g
  - ロメインレタス…40g
  - サニーレタス…40g
- 20g　ルッコラ
- 5個　うずらの卵
- 5個　プチトマト

小玉ねぎのグラッセ　15cm手鍋使用
- 10個　小玉ねぎ（パールオニオン）
- 9g　バター
- 42g　水
- 5g　グラニュー糖
- 0.9g　塩
- 9挽　白こしょう

ジロール茸のソテー　18cmフライパン使用
- 5g　バター
- 5g　エシャロット
- 50g　ジロール茸[※2]
- 0.8g　塩
- 7挽　白こしょう

ベーコン　18cmフライパン使用
- 5g　ピーナッツオイル
- 50g　ベーコン

クルトン　18cmフライパン使用
- 適量　ピーナッツオイル
- 25g　パン・ドゥ・ミ（⇒P228）

ソース・ヴィネグレット
- 15g　フランボワーズヴィネガー
- 38g　ピーナッツオイル
- 15g　オリーブオイル
- 2.7g　塩
- 適量　白こしょう

盛り付け
- 1g　シブレット

préparation

（1）材料を切る。

鶏レバーのソテー 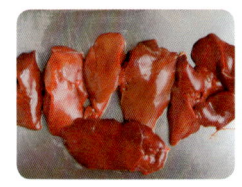
- 鶏レバー⇒筋と血の部分を取り、3cm角ほどに切る。
- エシャロット⇒みじん切り。

サラダ
- 葉野菜 ⇒根元の部分は幅3cm、葉先は縦半分に切り、幅3cmに切る。
- ルッコラ ⇒茎の部分は取り除き、長いものは2つに切る。
- うずらの卵 ⇒塩茹でする。水から入れて沸騰後3分で氷水にとり冷やす。縦半分に切る。
- プチトマト ⇒ヘタを取り、縦半分に切る。

ジロール茸のソテー
- ジロール茸 ⇒水洗いしてこし器にあけ、湯通しして水けを十分にきる。 
- エシャロット ⇒みじん切り。

ベーコン
- ベーコン ⇒5～7mm角、長さ3～4cmの棒状に切る。

クルトン
- パン・ドゥ・ミ ⇒1cm角に切る。

盛り付け
- シブレット ⇒小口から2～3mmに切る。

---

notes

※1　赤ワインベースにフランボワーズの果汁（5%）を加えた、美しい色と甘い香りが広がるフルーツヴィネガーです。
※2　葉野菜なら何を使っても構いません。
※3　ジロール茸は、ペリゴールやボルドーが産地。マイタケなど他のきのこで代用可。

recette

鶏レバーのソテーを作る。

1 フライパンにオリーブオイルを入れて熱し、鶏レバーを入れて塩、こしょうをする。軽く表面に焼き色がつくまで炒める。

2 エシャロットを加えてフタをして蒸し煮にする。

3 フランボワーズヴィネガーを加えてデグラッセし、鍋にこびりついた旨味をレバーに絡める。ほんの少し汁気が残る程度になったらバットに移し、汁を上からかける。

△ 加熱された酢の味はコク、旨味につながります。

小玉ねぎのグラッセを作る。

1 手鍋に小玉ねぎを平らに並べ、水、バター、グラニュー糖、塩、こしょうを加え、中央に穴をあけた紙ブタをして中火にかける。

△ 小玉ねぎはなるべく重ならないよう一列に並べる方がきれいにグラッセ出来ます。

2 7分ほどして小玉ねぎの半分の高さまで水分が減ってきたら、まだ少し硬い状態で紙ブタを取り、さらに柔らかくなり水分が少し残るまで煮る。鍋を動かしながらさらに水分を飛ばし、艶を出す。

△ 色はつけず、白く仕上げます。

ジロール茸のソテーを作る。

1 フライパンにバターを入れて熱し、エシャロットを炒める。ほとんど色づかないうちにジロール茸を加え、塩、こしょうをしてフタをして軽く蒸し煮にする。

△ ジロール茸は形が崩れないよう煮すぎに注意します。

ベーコンを作る。

1 フライパンにオリーブオイルを入れて熱し、ベーコンを加える。表面がカリッとするまで中火で炒めたらこし器にあけて油をきる。

クルトンを作る。

1 フライパンにピーナッツオイルを入れて熱し、キツネ色になるまで揚げる（⇒P228）。

ソース・ヴィネグレットを作る。

1 ボウルに材料を入れ、ホイッパーで混ぜ合わせる。

盛り付ける。

1 葉野菜、ルッコラをソース・ヴィネグレットの1/2量で和え、器の中央に盛る。

2 鶏レバーのソテー、ベーコン、うずらの卵、プチトマト、小玉ねぎのグラッセ、クルトンを盛り付け、最後にジロール茸のソテーを散らす。

3 全体に残りのソース・ヴィネグレットをかけ、シブレットを散らす。

ワイン
白ワインか軽めの赤ワインが合います。

Salade de crustacés au poivre vert
魚介のサラダ　ポワヴルヴェール風味

エキゾティックさを感じさせる魚介のサラダです。
彩りも美しく、ホームパーティーなどの一皿にしても喜ばれます。

Salade de crustacés au poivre vert

魚介のサラダ　ポワヴルヴェール風味

4人分
難易度　★★☆☆

ingrédients

サラダ
62g	かぶ
62g	ミニキャロット
40g	さやいんげん
38g	きゅうり
40g	シャンピニオン
12g	エシャロット
50g	トマト
7g	バジル
2.5g	シブレット
150g	車エビ
4むき	オレンジの皮
80g	オレンジ
25g	マンゴー（メキシコ産）
2g	ポワヴルヴェール（ホウル）※1

ムール貝　24cmフライパン使用
13g	澄ましバター（⇒P220）
15g	エシャロット
15g	玉ねぎ
250g	ムール貝
70g	白ワイン
1束	ブーケガルニ
	タイム…2本
	ローリエ…1/2枚
	イタリアンパセリ…3本
適量	白こしょう

ソース
10g	卵黄
2g	塩
14g	レモン汁
16g	マスタード
20g	ピーナッツオイル
20g	オリーブオイル
0.5g	白こしょう

notes
※1　ポワヴルヴェールとは緑こしょう（グリーンペッパー）のこと。ここでは水煮のものを使用。

préparation

(1) 材料を切る。

サラダ

かぶ ⇒ 8mm角、長さ2.5cmに切る。1%の塩を加えたお湯（分量外）で塩茹でする。

ミニキャロット ⇒ 長さ3cmの棒状に切る。1%の塩を加えたお湯（分量外）で塩茹でする。

いんげん ⇒ 1%の塩を加えたお湯（分量外）で塩茹でし、冷水にとる。長さ3cmに切る。

きゅうり ⇒ 皮をむき、1cm角に切る。

シャンピニオン ⇒ 縦半分、厚さ4mmに切る。

エシャロット ⇒ みじん切り。

トマト ⇒ 湯むき（⇒P221）して種を取り、2.5cm角に切る。

バジル ⇒ 大きめのみじん切り。

シブレット ⇒ 小口から2～3mmに切る。

車エビ ⇒ 塩を多めに入れたお湯（分量外）で硬めに茹で、殻をむき、半分に切る。

オレンジの皮 ⇒ 千切り（ジュリエンヌ）にしサッと湯がく。

オレンジ ⇒ くし形（カルチェ）に切り、さらに半分に切る。

マンゴー ⇒ 2.5cm角に切る。

Salade

Salade de crustacés au poivre vert
★★☆☆

ムール貝
　エシャロット、玉ねぎ ⇒みじん切り。

（2）切った材料は全て冷蔵庫で冷やしておく。

recette

ムール貝を炒める。
1 フライパンに澄ましバターを入れて熱し、エシャロット、玉ねぎを透き通るくらいに炒める。

2 ムール貝を加えて炒め、さらに白ワイン、ブーケガルニを加える。フタをしてムール貝がやっと口を開くまで煮る。こしょうをする。

3 ムール貝は殻からスプーンなどで身を取り出し、ひもを取る。

ソースを作る。
1 卵黄に塩、レモン汁、マスタードを加えてホイッパーで混ぜる。

2 ピーナッツオイル、オリーブオイルを少しずつ加え、十分に混ぜる。最後にこしょうをする。

盛り付ける。
1 食べる直前に材料（メキシカンマンゴー、ポワヴルヴェール以外）とソースを和える。
　※ メキシカンマンゴー、ポワヴルヴェールは最後に加え、混ぜすぎないことがポイントです。

ワイン
白ワインが合います。

Salade de langoustines à la vinaigrette d'orange

ラングスティーヌのサラダ　オレンジヴィネガー風味

フランスでよく食べられているラングスティーヌを使い、魚介のサラダに仕立てました。
オレンジヴィネガーの酸味、じゃがいものアリュメットのカリッとした食感をアクセントに。

4人分
難易度 ★★☆☆

ingrédients

サラダ
適量	オリーブオイル
6尾	ラングスティーヌ[※1]
80g	にんじん
各3個	プチトマト（赤・黄）（各45g）
35g	ルッコラ
3枚	葉野菜[※2]
	└ サニーレタス…1 1/2枚
	└ グリーンカール…1 1/2枚
8g	オレンジの皮
3g	シブレット
適量	塩、白こしょう

ベーコン
適量	オリーブオイル
40g	ベーコン

じゃがいものアリュメット
適量	グレープシードオイル（サラダオイルでも可）
135g	じゃがいも
適量	塩

オレンジのソース・ヴィネグレット
	35g	オレンジの果汁
	10g	赤ワインヴィネガー
A	10g	シェリー酒ヴィネガー
	25g	オリーブオイル
	25g	グレープシードオイル
	10g	エシャロット
	2.8g	塩
	適量	白こしょう

Salade

Salade de langoustines à la vinaigrette d'orange
★★☆☆

préparation

（1）材料を切る。

サラダ
　　ラングスティーヌ ⇒殻、背ワタを取る。
　　にんじん ⇒皮をむき千切り。
　　シブレット ⇒みじん切り。
　　プチトマト ⇒縦4つに切る。
　　ルッコラ ⇒幅3cmに切る。
　　葉野菜 ⇒根元の部分は幅3cm、葉先は縦半分に切り、幅3cmに切る。
　　オレンジの皮 ⇒千切り（ジュリエンヌ）にしサッと湯がく（⇒P118）。

ベーコン
　　ベーコン ⇒5mm角、長さ3cmの棒状に切る。

じゃがいものアリュメット
　　じゃがいも ⇒皮をむき、スライスしてマッチ棒くらいの大きさ（アリュメット）に切る。

オレンジのソース・ヴィネグレット
　　エシャロット ⇒みじん切り。

（2）材料は全て冷蔵庫で冷やしておく。

notes
※1　イタリア語ではスカンピと呼ぶ。和名は手長エビまたは赤座エビ。ハサミのある長い手が特徴で、肉質は柔らかく、甘みが強いです。
※2　葉野菜なら何を使っても構いません。

recette

サラダを作る。
1　フライパンにオリーブオイルを入れて熱し、ラングスティーヌを加え、塩、こしょうをして強火で短時間で炒める。

ベーコンを作る。
1　フライパンにオリーブオイルを入れて熱し、ベーコンを加える。表面がカリッとするまで中火で炒めたらこし器にあけて油をきる。

じゃがいものアリュメットを作る。
1　じゃがいもの水けをよくきり、グレープシードオイルで揚げて塩をふる。

オレンジのソース・ヴィネグレットを作る。
1　手鍋にオレンジの果汁を入れ、鍋底がトロッとするまで煮詰める（1/4〜1/5になるくらいが目安）。赤ワインヴィネガーを加える。

2　ボウルに1を入れて冷まし、Aを加え、塩、こしょうで味を調える。

盛り付ける。
1　にんじん、葉野菜を**オレンジのソース・ヴィネグレット**と和えて器に盛る。他の具を盛り付ける。ラングスティーヌにソースを少々かけて、最後に**じゃがいものアリュメット**をのせる。

Salade de crabe aux agrumes

カニと柑橘類のサラダ

タバスコやコニャックを加えたカクテルソースを添えて頂きます。
パーティーの冷製オードブルとして、グレープフルーツの器に盛り付けてもよいでしょう。

4人分
難易度 ★★☆☆

ingrédients

サラダ

3枚	葉野菜 ※1
	サニーレタス…1 1/2枚
	グリーンカール…1 1/2枚
6個	シャンピニオン
2個	アーティチョーク(冷凍・生) ※2
4房	ピンクグレープフルーツ
4房	グレープフルーツ
4房	オレンジ
90g	カニ(茹でた身)
25g	緑パプリカ
1個	トマト
1/2個	りんご(75g)
1/2個分	オレンジの皮
5g	シブレット

マヨネーズ

20g	卵黄
18g	マスタード
250g	ピーナッツオイル
10g	赤ワインヴィネガー
2.4g	塩
0.1g	カイエンヌペッパー (クトーの先1mmを1回)

カクテルソース

100g	マヨネーズ(→上記)
20g	ケチャップ
5g	コニャック
50g	生クリーム(35%)
4滴	タバスコ
ひとつまみ	塩
10挽	白こしょう

ソース・ヴィネグレット

10g	赤ワインヴィネガー
10g	シェリー酒ヴィネガー
70g	ピーナッツオイル
1g	塩
30挽	白こしょう(1g)

盛り付け

適量	塩、白こしょう
適量	ディル
10粒	ピンクペッパー

notes

※1 葉野菜なら何を使っても構いません。
※2 生のアーティチョークが手に入る場合は冷凍の下処理はしなくてよいです。

Salade

Salade de crabe aux agrumes
★★☆☆

préparation

(1) P106「鶏むね肉とリ・ドゥ・ヴォーのサラダ」Préparation（4）〜（6）と同様にアーティチョークの下準備をする。
　⚠ 生のアーティチョークを使う場合は、(4)(6)の工程はいりません。

(2) 材料を切る。
　葉野菜 ⇒根元の部分は幅3cm、葉先は縦半分に切り、幅3cmに切る。
　シャンピニオン ⇒厚さ5mmにスライス。
　アーティチョーク ⇒半分に切り、斜めに8枚にスライス。
　ピンクグレープフルーツ、グレープフルーツ、オレンジ ⇒カルティエに切り、厚いものは厚みを半分にする。
　カニ ⇒大きめに身をほぐす。
　緑パプリカ ⇒5mm角に切る。
　トマト 湯むき（⇒P221）して種を取り、5〜7mm角に切る。
　りんご ⇒皮をむいて種を取り、5mm角に切り、レモン汁に浸ける。
　オレンジの皮 ⇒千切り（ジュリエンヌ）にしサッと湯がく（⇒P118）。
　シブレット ⇒小口から2〜3mmに切る。

(3) **マヨネーズ**を作る。卵黄にマスタードを入れ、ホイッパーで強く混ぜる。ピーナッツオイルを少量ずつ加え、よく混ぜる。オイルを入れ終わったら赤ワインヴィネガーを加えて混ぜる。最後に塩、カイエンヌペッパーを加え、味を調える。

(4) 材料は全て冷蔵庫で冷やしておく。

recette

カクテルソースを作る。
1 マヨネーズにケチャップ、コニャック、生クリームの順に加えて混ぜ、最後に塩、こしょうで味を調える。

ソース・ヴィネグレットを作る。
1 ボウルに材料を入れ、ホイッパーで混ぜ合わせる。

盛り付ける。
1 葉野菜を**ソース・ヴィネグレット**で和え、器の中央に盛り、軽く塩、こしょうする。

2 周りにシャンピニオン、アーティチョークを並べ、柑橘類のカルティエを交互に並べる。

3 中央にカニをおき、緑パプリカ、トマト、りんごを散らす。

4 カニの上に**カクテルソース**をかけ、その上にオレンジの皮とシブレット、ディルをおき、全体にピンクペッパーを散らす。

Salade brésilienne

ブラジル風　米のサラダ

強い日差しを思わせる鮮やかな色彩が食欲をそそります。おいしく、お腹にも十分満足感を与えるサラダです。タバスコとチョリソーの辛みがラテン的な味わいを作り上げます。

4人分
難易度　★★☆☆

Salade

Salade brésilienne
★★☆☆

ingrédients

サラダ

75g	タイ米
600g	米茹で用のお湯
3.6g	米茹で用の塩（お湯の0.6％）
適量	米茹で用のオリーブオイル

A {
- 23g　チョリソーソーセージ
- 30g　スイートコーン（缶詰）
- 30g　赤いんげん豆（缶詰）
- 50g　グリンピース
- 15g　ひよこ豆（缶詰）
- 33g　にんじん
- 20g　赤パプリカ
- 30g　ベーコン
}

2枚	葉野菜※1
	グリーンカール…1/2枚
	ロメインレタス…1 1/2枚
3g	イタリアンパセリ

ソース・ヴィネグレット

8g	シェリー酒ヴィネガー
22g	オリーブオイル
5g	マスタード
4〜5滴	タバスコ
1.5g	塩
適量	白こしょう

notes
※1　葉野菜なら何を使っても構いません。

préparation

(1) 米を茹でる。鍋に水を入れて沸騰させ、塩とオリーブオイルを加え、米を加える。ごくわずかに芯が感じられるまで6分ほど茹でる。途中混ぜて鍋底に米が張りつかないようにする。こし器にあけ、冷水にさらしてすぐにタオルに広げ、水けをきる。

(2) 材料を切る。
<u>チョリソーソーセージ</u> ⇒皮をむき、2〜3mmの輪切りにし、さらに半分に切る。
<u>にんじん</u> ⇒長さ4cmの千切り。
<u>赤パプリカ</u> ⇒3〜4mm角に切る。
<u>イタリアンパセリ</u> ⇒みじん切り。
<u>葉野菜</u> ⇒根元の部分は幅3cm、葉先は縦半分に切り、幅3cmに切る。
<u>ベーコン</u> ⇒5mm角、長さ4cmの棒状に切り、オリーブオイル（分量外）で強い焼き色をつける。

(3) スイートコーン、赤いんげん豆、ひよこ豆は水けをきる。

(4) 米以外の材料は冷蔵庫で冷やしておく。

recette

ソース・ヴィネグレットを作る。
1　ボウルに材料を入れ、ホイッパーで混ぜ合わせる。

サラダを作る。
1　ボウルにAを入れ、ソース・ヴィネグレットで和える。さらに茹でた米、葉野菜、イタリアンパセリを順に加えて混ぜる。

Salade japonaise

日本風　米のサラダ

パステル調の優しい味わいのサラダです。米の楽しい歯触りと、グレープフルーツやりんごの新鮮な酸味が穏やかに重なります。タバスコの軽い辛みがさらに味わいを深めます。米は最初に加えるとソースを全部吸ってしまうので後から加えます。作ってすぐよりも、15分くらいおいてソースが馴染んでからの方がおいしいです。

4人分
難易度　★★☆☆

Salade

Salade japonaise ★★☆☆

ingrédients

サラダ

130g	タイ米
800g	米茹で用のお湯
5g	米茹で用の塩（お湯の0.6%）
60g	グレープフルーツ
80g	アボカド
40g	きゅうり
35g	赤パプリカ
45g	りんご
50g	スイートコーン（缶詰）
42g	玉ねぎ
適量	レモン汁
80g	カニ（茹でた身）

ソース

84g	生クリーム（35%）
36g	マスタード
36g	ケチャップ
4滴	タバスコ
2.8g	塩
適量	白こしょう、ナツメグ

préparation

(1) P125「ブラジル風米のサラダ」Préparation(1)と同様に米を茹でる。
   ※ オリーブオイルは入れません。

(2) 材料を切る。
   ※ 野菜の水分はある程度とっておかないと米がべたついた感じになるため、ペーパータオルの上で水けをきります。

   <u>グレープフルーツ</u> ⇒ 果肉を取り出し、5〜6mm角に切る。
   <u>アボカド</u> ⇒ 種を取って皮をむき、1cm強の角切りにし、レモン汁をふりかける。
   <u>きゅうり</u> ⇒ 皮をむき、5〜6mm角に切る。
   <u>赤パプリカ</u> ⇒ 5mm角に切る。
   <u>玉ねぎ</u> ⇒ 3mm角の粗めのみじん切り。
   <u>りんご</u> ⇒ 皮をむき、1cm角に切り、レモン汁をふりかける。
   <u>カニ</u> ⇒ 身をほぐす。

(3) スイートコーンは水けをきる。

(4) 米以外の材料は冷蔵庫で冷やしておく。

recette

ソースを作る。

1 ガラスボウルに生クリームを入れ、氷水につけてどろりとするくらいの柔らかめ（5分立て）に泡立てる。その他の調味料を加え混ぜる。

サラダを作る。

1 ボウルに切った野菜類を入れ、ソースで和える。茹でた米を加えて混ぜ、最後にカニの身を加える。
   ※ 混ぜすぎるとおいしくありません。

Salade du ris au curry

カレー風味　米のサラダ

カレーのスパイスが効いたピラフをサラダ仕立てにしました。
サラダとして楽しむだけでなく、肉や魚のソテーの付け合わせとしても
おいしく頂けます。

4 人分
難易度　★★☆☆

Salade

Salade du ris au curry
★★☆☆

ingrédients

カレーピラフ 15cm手鍋使用
- 25g　オリーブオイル
- 35g　玉ねぎ
- 6g　にんにく
- 35g　赤パプリカ
- 35g　セロリ
- 100g　タイ米
- 200g　お湯
- 3g　塩
- 3g　カレー粉

シャンピニオン
- 7g　澄ましバター（⇒P220）
- 55g　シャンピニオン
- 適量　塩、白こしょう

サラダ
- 150g　トマト
- 20g　さやいんげん
- 20g　グリンピース
- 30g　ロメインレタス
- 50g　ひよこ豆（缶詰）
- 50g　赤いんげん豆（缶詰）
- 30g　にんじん
- 適量　ナツメグ

ソース
- 6g　赤ワインヴィネガー
- 9g　ピーナッツオイル
- 1g　塩
- 1.2g　カレー粉
- 3g　にんにく

préparation

(1) 材料を切る。

カレーピラフ 
<u>玉ねぎ</u> ⇒5mm角に切る。
<u>にんにく</u> ⇒細かいみじん切り。
<u>赤パプリカ、セロリ</u> ⇒7mm角に切る。

シャンピニオン
<u>シャンピニオン</u> ⇒縦4～6つに切る。

サラダ
<u>トマト</u> ⇒湯むき（⇒P221）して種を取り、2cm角に切る。
<u>いんげん</u> ⇒1％の塩を加えたお湯（分量外）で塩茹でし、冷水にとる。長さ3cmに切る。
<u>にんじん</u> ⇒長さ2.5cmの千切り。
<u>レタス</u> ⇒氷水につけ、水けをよくきってから3cmくらいに切る。

ソース
<u>にんにく</u> ⇒みじん切り。

(2) スイートコーン、赤いんげん豆、ひよこ豆は水けをきる。

(3) 材料は全て冷蔵庫で冷やしておく。

recette

ソースを作る。
1. ボウルに材料を入れ、ホイッパーで混ぜ合わせる。
   ▲ ソースのにんにくは生だと辛いようであれば、すりおろしにしてもよいです。

カレーピラフを作る。
1. フライパンにオリーブオイルを入れて熱し、玉ねぎをしっかりと炒める。にんにくを加えてさらに炒め、赤パプリカ、セロリを加えて軽く炒める。
2. 米を加えて軽く炒めたら、お湯、塩2g、カレー粉2gを加える。
3. 190〜200℃のオーブンでフタをして20分ほど炊く。炊き上がったらフォークで丁寧にほぐし、塩1g、カレー粉1g加えて混ぜる。
4. フタをして10分ほど蒸らしてからボウルに移して冷まし、10分くらい冷蔵庫で冷やす。
   ▲ 冷えすぎるとおいしくありません。

シャンピニオンを作る。
1. フライパンに澄ましバターを入れて熱し、シャンピニオンを強火でキュルキュルと音がするまで炒め、塩、こしょうで味を調える。こし器にあけて汁気をきり、冷ます。

盛り付ける。
1. 水けをよくきった**サラダ**にソースを和え、**カレーピラフ**、**シャンピニオン**を加えて混ぜる。

Salade roscovite

サラダ・ロスコヴィート

料理名の由来であるロスコフ（Roscoff）はブルターニュ地域圏、フィニステール県にある海岸沿いのコミューンで、魚や甲殻類など海の幸が有名です。じゃがいもやアーティチョーク、ブロッコリー、サラダ菜といったこの土地の農作物と合わせて、この地方のマルシェで購入できる素材を使ったサラダを作りました。また、ブルトン（ブルターニュに暮らす人々の呼び名）に愛され飲まれているシードルに敬意を表して、シードルヴィネガーでドレッシングの味を引き立たせています。

Salade roscovite

サラダ・ロスコヴィート

4人分
難易度 ★★☆☆

ingrédients

サラダ

145g	きゅうり
200g	アーティチョーク（冷凍・生）※1
190g	じゃがいも
12尾	エビ
240g	ブロッコリーの小房
3個	固茹で卵（⇒P62）
1.5g	塩
1.7g	セルフィーユ
1.7g	シブレット
適量	白こしょう
6枚	葉野菜※2
	┌ ロメインレタス…2枚
	├ エンダイブ…2枚
	└ トレビス…2枚

マヨネーズ

※出来あがりから85g使用

20g	卵黄
23g	マスタード
0.1g	カイエンヌペッパー
1.7g	塩
150g	ピーナッツオイル
1.5g	赤ワインヴィネガー
適量	カイエンヌペッパー

ソース・ヴィネグレット

51g	シードルヴィネガー※3
116g	オリーブオイル
3g	塩
36挽	白こしょう

仕上げ

適量	セルフィーユ、シブレット
0.8g	塩
適量	白こしょう

préparation

（1）アーティチョークの下準備をする（⇒P133）。

（2）材料を切る。

サラダ

きゅうり ⇒皮をむき、縦半分、厚さ5mmに切る。
アーティチョーク ⇒1〜1.5cm角に切る。
固茹で卵 ⇒縦4つに切る。
セルフィーユ ⇒みじん切り。
シブレット ⇒小口から2〜3mmに切る。
葉野菜 ⇒根元の部分は幅3cm、葉先は縦半分に切り、幅3cmに切る。

仕上げ

セルフィーユ ⇒みじん切り。
シブレット ⇒小口から2〜3mmに切る。

（3）**マヨネーズ**を作る。ガラスボウルに卵黄を入れ、マスタード、カイエンヌペッパー、塩を加える。ピーナッツオイルを少しずつ加えながらホイッパーで混ぜる。赤ワインヴィネガーを加え混ぜる。カイエンヌペッパーを加える。

（4）鍋に2ℓの水と1%量の塩（分量外）を入れて沸騰させ、エビを入れて約2分茹でる。タオルの上にあけて水けをきり、冷めたら殻をむいて背ワタを取る。

notes

※1　生のアーティチョークが手に入る場合は冷凍の下処理はしなくてよいです。
※2　葉野菜なら何を使っても構いません。
※3　ノルマンディー産のシードルで作られた酢。ドゥルイ社のオーガニックシードルヴィネガーを使用。

recette

Salade roscovite
★★☆☆

ソース・ヴィネグレットを作る。

1. ボウルに材料を入れ、ホイッパーで混ぜ合わせる。

サラダを作る。

1. 手鍋にじゃがいも、水800g、粗塩13.3g入れて約30分茹でる。熱いうちに皮をむき、1.5cm角に切り、ソース・ヴィネグレット26g、塩0.8gを混ぜ合わせる。
   ▲ サラダ用なので少し硬めに茹でます。

2. ブロッコリーは小房と茎に分けておき、銅ボウルに1％の塩を加えたお湯（分量外）で小房の部分を約4分塩茹でする。氷水に浸けてよく冷えたらタオルの上にあけて水けをきり、冷やす。

3. アーティチョークにソース・ヴィネグレット17gを合わせる。きゅうりにソース・ヴィネグレット9g、塩0.2gを合わせる。ブロッコリーにソース・ヴィネグレット17g、塩0.5gを合わせる。

4. アーティチョーク、きゅうり、じゃがいもを合わせ、マヨネーズを加えゴムべらで混ぜる。セルフィーユとシブレットもそれぞれに加え混ぜる。こしょうをふる。

盛り付ける。

1. 冷やしておいた器に葉野菜を盛る。

2. 1の中央にマヨネーズであえた野菜をのせる（1皿につき150g）

3. その上にブロッコリー5個、エビ3尾、固茹で卵を3個のせる。

4. 大さじ2杯のソース・ヴィネグレットを上にかけ、仕上げのセルフィーユとシブレット、塩、こしょうを軽くふる。

冷凍アーティチョークの下準備
アーティチョーク5個分

5個	アーティチョーク
1500g	水
大さじ1	レモン汁A
25g	強力粉
51g	レモン汁B
27g	オリーブオイル
3.2g	粒黒こしょう
2.2g	コリアンダーシード
3.2g	粗塩

1. アーティチョークに水とレモン汁Aを加えて解凍する。解凍したら皮をむく。

2. 21cm両手鍋に1の浸け汁、強力粉を入れてホイッパーで混ぜる。レモン汁Bを加えて混ぜ、アーティチョーク、オリーブオイル、茶袋に入れた粒黒こしょうとコリアンダーシード粗塩を加えて紙ブタをして中火にかける。沸騰したら柔らかくなるまで約30分煮る。汁に浸けたまま常温で冷ます。

> 出来あがったアーティーチョークは冷蔵庫で4～5日保存可能。

Terrine de foie de volaille

鶏レバーのテリーヌ

家庭でもシャルキュトゥリーでも作る、フランス定番の保存食です。
サラダとパンとスープがあれば立派なメインの一品になります。
付け合わせのソース・ラヴィゴットも牛タンやソーセージ、茹でた肉、魚の燻製など、様々な料理に使える応用範囲の広い伝統的なソースです。さっぱりしたソースなのでこってりした料理にとてもよく合います。

縦 26cm×横 9cm×高さ 7.5cm（内容量：1250cc）テリーヌ型 1 台分
難易度　★★☆☆

ingrédients

ファルス
- 600g 鶏レバー
- 450g 豚のど肉
- 10g オリーブオイル
- 45g エシャロット
- 25g マデラ酒（デグラッセ用）
- 8.6g 塩
- 1g 黒こしょう
- 0.8g キャトルエピス
- 0.2g タイム（乾燥）
- 20g マデラ酒
- 20g コニャック
- 46g 全卵
- 適量 網脂

ガルニチュール
- 150g 鶏レバー
- 2g 塩
- 適量 黒こしょう
- 0.2g キャトルエピス
- 0.1g タイム（乾燥）
- 5g マデラ酒
- 6g コニャック

目張りのためのパートゥ
- 100g 強力粉
- 90g 水

ソース・ラヴィゴット
- 35g 赤ワインヴィネガー
- 143g ピーナッツオイル
- 65g オリーブオイル
- 4.6g 塩
- 26挽 白こしょう
- 37g 玉ねぎ
- 21g ケッパー
- 3g シブレット
- 3g エストラゴン
- 3g セルフィーユ
- 15g イタリアンパセリ
- 適量 塩、白こしょう

仕上げ
- 適量 フリルレタス、シルクレタス
- 適量 塩、白こしょう
- 少々 オリーブオイル

préparation

Charcuterie

Terrine de foie de volaille
★★☆☆

前日

ファルスの下準備をする。

(1) 鶏レバーの筋はていねいに取り除く。レバー、豚のど肉は2cm角に切る。

(2) 手鍋にオリーブオイルを入れて熱し、みじん切りにしたエシャロットを加える。弱火でフタをしてしんなりするまで蒸し煮にし、マデラ酒でデグラッセする。

(3) 炒めて冷ましたエシャロットを(1)に加えて混ぜる。塩、こしょう、キャトルエピス、タイムを混ぜ、マデラ酒、コニャックで香りづけする。冷蔵庫で一晩休ませる。

ガルニチュールの下準備をする。

(1) 鶏レバーに塩、こしょうをして、キャトルエピス、タイム、マデラ酒、コニャックを加える。冷蔵庫で一晩休ませる。

当日

(1) 網脂は氷水に漬けて解凍し、水分をふき取って、テリーヌ型に敷き込む。

食べごろ
作って48時間休ませてから食べます。

ワイン
白ワインまたは軽めの赤ワイン。

保存は冷蔵庫で4〜5日間。

recette

ファルスを作る。
1 5mm穴のミンサーにかけ、よく冷やす。全卵を加え滑らかになるまで混ぜる。

目張りのためのパートゥを作る。
1 強力粉に水を加え、木べらで混ぜる。

ファルス　　　　目張りのためのパートゥ

組み立てる。
1 テリーヌ型に**ファルス**の1/2量（575g）を入れ、軽く平らにならす。中央に漬けておいた**ガルニチュール**を入れる。

2 残りの**ファルス**を型がいっぱいになる高さまで入れる。

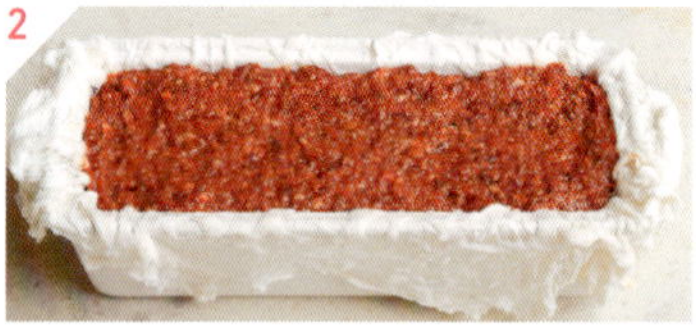

3 網脂で上までテリーヌを覆う。

4 テリーヌ型のフタをして、隙間から蒸気が逃げないよう目張りのためのパートゥで隙間をふさぐ。**ファルス**がしまるまで冷蔵庫で約30分休ませる。

5 175℃のオーブンで1時間30分湯煎焼きする。
　△ テリーヌ型が入るような深いステンの容器に入れ、型のふちぎりぎりまで湯を入れます。

6 最低でも48時間寝かせてから食べる。
　△ 目張りのためのパートゥは、焼き上がりも付けたままにします。水分の蒸発を防ぎ、良い状態で保管できます。
　△ 目張りのためのパートゥを作らない場合、アルミホイルでしっかりフタと本体の間をふさぎます。

ソース・ラヴィゴットを作る。
1 ガラスボウルに赤ワインヴィネガーを入れ、ピーナッツオイル、オリーブオイル、塩、こしょうを加えホイッパーで混ぜる。

2 玉ねぎ、ケッパー、シブレット、エストラゴン、セルフィーユ、イタリアンパセリは全てみじん切りにする。1に加え、ゴムべらで混ぜる。塩、こしょうで味を調える。

盛り付ける
1 葉野菜に塩、こしょう、オリーブオイルを加え、全体に和える。

2 テリーヌ型の周りをパレットナイフで一周し、テリーヌをバットに取り出す。厚さ1cmに切る（1切れ約60g）。

3 器の中央にテリーヌを盛り付ける。1を添え、**ソース・ラヴィゴット**を流す。

Rillettes de porc du Mans, Baguette de Pain

ル・マンの豚のリエット　バゲットを添えて

リエットは豚だけでなく、鴨やガチョウなどでも作られる保存食です。
フランス西部ル・マンのあたりはよいシャルキュトゥリー（豚肉加工品）があります。
脂を混ぜていく時の加減が大変だと思いますが、
脂を全部入れるかどうかで自分好みの味を見つけてみて下さい。

24cm 両手鍋 1 台分
難易度　★☆☆☆

ingrédients

100g	水
400g	豚の背脂
1300g	豚肩ロース肉
400g	豚のど肉
34g	粗塩
2g	白こしょう

préparation

(1) 材料を切る。
　　豚肩ロース肉、豚のど肉 ⇒ 1.5cm角に切る。
　　豚の背脂 ⇒ 1cm角に切る。

recette

1. 鍋に水を入れて温める。少し温まったら豚の背脂を加え、木べらで全体を混ぜながら脂を溶かし、中火で加熱する。

2. 約8分加熱すると脂が出てくる。背脂の脂がにじみ出始めて水分がなくなり、チリチリと音がする。脂が白く少し透き通ってきたら肉を加える。

3. 豚肩ロース肉を3〜4回に分けて加え、その都度混ぜる。豚肉の表面が白く固まってきたら、豚のど肉を一度に加えて混ぜる。
   - 肉を分けて入れる回数は仕込み量によって異なります。
   - 一度に加えると鍋の中の温度が下がってしまうため、少しずつ脂を溶かしながら加熱した方が効率が良いです。

4. 木べらで全体を混ぜ、表面を平らにし、中火のまま2分間煮る。同じ作業をあと2回繰り返し、全体の肉がほぼ白っぽくなり、脂で肉が浸る位になったら、粗塩を表面にふる(混ぜる必要はない)。

5. 密閉するためにアルミホイルをかぶせ、フタをしてごく弱火で6時間加熱する。
   - 1時間ごとに火加減、様子を見ます。

6. 十分に肉が柔らかくなったら火を止める。フタを開けて2時間そのまま冷ます。

7. こし器にすべてあけ、脂と肉に分ける。肉は再び鍋に戻し入れ、脂は上澄みを取り除く。

8. こしょうをし、木べらでつぶしながらほぐすように混ぜる。

9. 状態を見ながら脂を少しずつ分けて肉に加えていく。繊維がしっかりとほぐれ、全体がふっくらとなり、十分に脂を吸わせる。
   - 木べらを持ちあげた時、余分な脂がにじみ出てくるようであれば脂の入れ過ぎです。その都度調節してください。脂は全部入らない場合があります。
   - 繊維がしっかりとほぐれ、全体がふっくらとなり、十分に脂を吸っているが余分ににじみ出てくることがない様子になれば完成です。

10. ラムカンなどの器に移し替え、最低48時間冷蔵庫で休ませる。

48時間休ませた状態

食べごろ
作って48時間休ませてから食べます。

ワイン
白ワインまたは軽めの赤ワイン。

保存は冷蔵庫で15日間。

Brandade de morue

ブランダード・ドゥ・モリュ

ブランダード・ドゥ・モリュは、南仏ニームの郷土料理です。じゃがいものピュレと合わせますが、南仏らしく、ニンニクやオリーブオイルが入ります。その昔、キリスト教では金曜日が魚を食べる日だったため、ブランダードも金曜日（特に復活祭の前の金曜日）によく作られました。そのままディップとしてパンに塗って食べてもおいしいですが、講習会では特別にトリュフを使ったソースを添えました。

Brandade de morue

ブランダード・ドゥ・モリュ

約5人分
難易度 ★★☆☆

ingrédients

にんにく煮   12cm 手鍋使用
- 38g　牛乳
- 3g　オリーブオイル
- 18g　にんにく

じゃがいものピュレ   21cm 鍋使用
- 225g　じゃがいも（キタアカリ）
- 50g　鱈の茹で汁（調節用）
- 25g　バター
- 13g　オリーブオイル

鱈のピュレ
- 170g　生鱈（国産）※1
- 75g　干し鱈（国産）※1
- 125g　牛乳
- 125g　水
- 35g　オリーブオイル

仕上げ
- 9g　オリーブオイル（調節用）
- 9挽　白こしょう

ソース   12cm 手鍋使用
- 10g　ジュー・ドゥ・トリュフ（⇒P49※4参照）
- 75g　生クリーム（35%）
- 2g　トリュフ
- 8挽　白こしょう
- 0.5g　塩

クルトン   18cm フライパン使用
- 115g　ピーナッツオイル
- 40g　パン・ドゥ・ミ（⇒P228）

préparation

前々日〜前日

(1) 生鱈に対して3%の粗塩（分量外）を全体にまぶし、ラップをして一晩冷蔵庫に入れて塩鱈を作る。使う前は軽く水けをふく。

(2) 干し鱈150gに対して1ℓ（分量外）の水に1日〜1日半浸け、塩抜きをする。味をみて少し塩味が残る程度にする。
   - 鱈の味わいが流れてしまわないように途中で水は替えません。
   - フランス産塩鱈の場合は作る1日〜1日半前に、塩抜きするため流水にさらし、薄い塩味が残るくらいに塩抜きします。

当日

(1) 鱈はそれぞれ6×10cmくらいに切る。

(2) ソースのトリュフをみじん切りにする。

(3) クルトンのパン・ドゥ・ミは1.5cm角に切り、ピーナッツオイルで揚げる（⇒P228）。

notes

※1　フランス産塩鱈は身が厚くふっくらとした食感で日本のものとは全く違います。フランス産塩鱈のみで作る場合は、250g使います。日本ではフランス産塩鱈は手に入らないので、国産の干し鱈に生鱈を塩漬けにしたものを混ぜて使います。フランス産塩鱈のみを使った場合より食感の滑らかさには欠けますが、味わいがしっかりしたものになります。

Charcuterie

Brandade de morue
★★☆☆

recette

にんにく煮を作る。

1 手鍋に牛乳、オリーブオイル、にんにくを入れ、フタをして中火で加熱する。沸騰したらフタをずらし、弱火にする。少しフツフツするくらいを保ち、にんにくが柔らかくなるまで20分くらい煮る。途中、にんにくが顔を出していたら牛乳を足す。

2 にんにくが柔らかくなったら、こし器で裏ごしする。にんにくを煮た1の牛乳と合わせる。

じゃがいもを茹でる。

1 鍋に皮つきのじゃがいもがかぶるくらいの水を入れ、竹串がすっと入る柔らかさになるまで茹でる。熱いうちに皮をむき、木べらで押し出すように裏ごしする。

△ 日本のじゃがいもは粘りが出やすいので、熱いうちに裏ごしします。

鱈のピュレを作る。

1 じゃがいもの茹であがりのタイミングに合わせて鍋に牛乳、水を沸かし、干し鱈を中心まで火が通るように5分茹で、次に生の塩鱈を4分半〜5分茹でる。こし器にあけて茹で汁を軽くきる。茹で汁は捨てずにとっておく。

△ フォークで刺して、ポロリと崩れるくらい。茹でる時間はたらの身の厚さにより、調節します。
△ フランス産塩鱈のみを使う場合は、茹でる時間は3分半〜5分です。

2 鱈をバットに広げ、フォークで身をほぐして丁寧に骨を取り除く。

3 ボウルに移し、オリーブオイルを少しずつ加えながらすりつぶすように木べらで混ぜる。

じゃがいものピュレを作る。

1 裏ごししたじゃがいもが熱いうちに鱈の茹で汁を加え、木べらで切るように混ぜる。ポマード状にしたバター、オリーブオイルを加えるごとに同様に混ぜる。

△ 粘りが出るので混ぜ回さないように注意。粘りをきるために鱈の茹で汁を加え、さらに混ぜ方も十分注意します。

2 1に鱈のピュレを2回に分けて加え、木べらで練らないように混ぜる。

3 にんにくを加えて混ぜる。仕上げにオリーブオイルを加えて硬さを調節する。こしょうで味を調える。

ソースを作る。

1 手鍋に生クリームを入れ、少しとろみがつくまで煮詰める。

2 ジュー・ドゥ・トリュフを加えて混ぜ、塩、こしょうで味を調える。

3 トリュフを加える。

盛り付ける。

1 温めておいた器にブランダード・ドゥ・モリュを盛る。

2 クルトンを5〜6個散らし、ソースを周りに流す。

保存は冷蔵庫で。
水分が多いので3〜4日で食べた方がよいです。

Aspics de saumon fumé et d'avocat
サーモンとアボカドのアスピック

スモークサーモンとアボカドは相性もよく、季節を問わず簡単に作ることが出来る一品です。

アスピック用（上口径 6.1cm × 4.5cm、下口径 7.3cm × 5.4cm、高さ 3.7cm）オバール型 6 個分
難易度 ★☆☆☆

Charcuterie

Aspics de saumon fumé et d'avocat
★☆☆☆

ingrédients

ジュレ
- 285g　お湯
- 12g　アスピックジュレパウダー
- 2.5g　板ゼラチン
- 25g　シェリー酒

アスピック
- 適量　ディル
- 48g　いくら
- 2g　レモン汁
- 60g　スモークサーモン

アボカドのムース
※出来あがりから102g使用
- 170g　アボカド
- 3g　レモン汁
- 30g　クレーム・ドゥーブル
- 1.7g　塩
- 0.1g　カイエンヌペッパー

ソース・ムースリーヌ
※出来あがりから30g使用
- 100g　マヨネーズ（⇒P222）
- 50g　生クリーム
- 0.3g　塩
- 15挽　白こしょう

ソース・ヴィネグレット
- 10g　赤ワインヴィネガー
- 50g　オリーブオイル
- 適量　塩、こしょう

盛り付け
- 適量　シルクレタス

préparation

(1) スモークサーモンは厚さ2mmのそぎ切りにし、骨と血合いを切り取る。4×5cmに切る（1切れ約3g）。

(2) いくらはレモン汁でほぐす。

(3) アボカドは半分に切って種を取り、皮をむき、こし器で裏ごしする。レモン汁を加え、変色を防ぐ。
　　レモン汁を加えすぎると、酸味が強くなりすぎます。

(4) **ジュレ**の板ゼラチンは冷水（分量外）でふやかしておく。

recette

ジュレを作る。

1　お湯にアスピックジュレパウダーと水でふやかしたゼラチンを加えて溶かし、冷めてからシェリー酒を加える。

アボカドのムースを作る。

1　裏ごししたアボカドにクレーム・ドゥーブルを加えてよく混ぜる。塩、カイエンヌペッパーで味を調える。

2　ムースが冷えて硬さが出るまでボウルごと氷水にあてて混ぜながら冷やす。

組み立てる。

1 あらかじめ冷やしておいた型に、溶かした**ジュレ**を15g流し、冷やし固める。

2 ディルの小枝を1つおき、いくら6gを散らし、氷水にあてて少しとろみがつくまで冷やした**ジュレ**を13g流してさらに冷やす。

3 スモークサーモンを2切れおく。

4 スプーンで**アボカドのムース**17gをのせ、軽く平らにならし、いくら2gをのせる。

5 さらにスモークサーモン1切れをのせ、**ジュレ**18gを流す。完全に固まるまで冷やす。
△ この時スモークサーモンがジュレで覆われているようにします。

ソース・ムースリーヌを作る。

1 生クリームを7分立てにし、マヨネーズを加えてよく混ぜ合わせる。

2 塩、こしょうを加えてよく混ぜる。

ソース・ヴィネグレットを作る。

1 ボウルに材料を入れ、ホイッパーで混ぜ合わせる。

盛り付ける。

1 ジュレが完全に固まっているか確かめてから、プティクトーの先2cmほどを型の内側に入れ、刃をしっかりとつけて一周させる。

2 型を熱いお湯につけ、型を逆さにして手のひらの上におき、軽く揺すりながら型から外す。

3 よく冷えた器に2をおく。

4 シルクレタスに**ソース・ヴィネグレット**をかけ、**ソース・ムースリーヌ**5gを添える。

食べごろ
冷蔵庫から出して少しおいてから頂きます。

ワイン
白ワインまたは軽めの赤ワイン。

保存は冷蔵庫で2日間。
なるべく早く食べた方がサーモンやアボカドの色が
鮮やかで美しいです。

Cake salé aux tomates confites, feta et basilic

ドライトマトとフェタ、バジルのケック・サレ

ケック・サレは日持ちするのでピクニックに持って行ったり、手土産にも喜ばれます。
ワインのおつまみにもお薦めです。それぞれの素材に塩味がついているので、
オリーブやフェタチーズなどはあまりしょっぱくないものを選んで下さい。

Cake salé aux tomates confites, feta et basilic

ドライトマトとフェタ、バジルのケック・サレ

上口寸 18cm × 7cm、底寸 17cm × 6.5cm、高さ 5cm パウンド型 2 本分（1 台約 445g）
難易度　★★☆☆

ingrédients

111g	牛乳
71g	オリーブオイル
144g	全卵
133g	フランス粉（メルベーユ）※1
8.9g	ベーキングパウダー
133g	ドライトマト
45g	オリーブ（ブラック）
5.3g	バジル
89g	コンテチーズ
4g	オリーブオイル（緑パプリカ炒め用）
71g	緑パプリカ
1g	塩
30挽	白こしょう
0.2g	ナツメグ
133g	フェタチーズ※2

notes
※1　日本製粉のフランスパン用の粉です。
※2　ギリシャの山羊のチーズです。

préparation

(1) 緑パプリカは、網の上で焦げ目がつくまであぶり、ペティナイフとキッチンペーパーを使って皮を剥く。
　※ あぶった後、氷水につけて剥いてもよいです。

(2) 手鍋にオリーブオイルを入れて熱し、緑パプリカを弱火〜中火で軽く炒める（食感が残るくらい）。炒めたら冷ます。

(3) 材料を切る。
　ドライトマト、オリーブ ⇒ 8mm角に切る。
　バジル ⇒ みじん切り。
　コンテチーズ ⇒ チーズおろしですりおろしたものを軽く刻む。
　緑パプリカ、フェタチーズ ⇒ 1cm角に切る。

(4) フランス粉とベーキングパウダーは直前に合わせてふるう。

(5) 型に紙を敷く。

🍴 食べごろ
　焼いた翌日の方がおいしいです。

🍷 ワイン
　白ワインか軽めの赤ワインが合います。

保存は冷蔵庫で1週間。

Cake salé

Cake salé aux tomates confites, feta et basilic
★★☆☆

recette

1 手鍋に牛乳とオリーブオイルを入れ、40℃に調整する。

2 21cmボウルに全卵を入れ、粉を一度に加えてホイッパーで混ぜる。かなり重くなってきたら1を少し加える。

3 混ぜながら残りの1をすべて加える。

4 ドライトマト、オリーブ、バジル、コンテチーズ、緑パプリカの順に加えてゴムべらで混ぜる。塩、こしょう、ナツメグを加えて同様に混ぜる。

5 フェタチーズを加え、崩れないように気をつけながらゴムべらで混ぜる。

6 紙を敷いた型に流し入れ、スプーンで平らにならし、オーブンで焼く。
　　電子レンジオーブン　　　180℃で約45分
　　ガス高速オーブン　　　　170℃で約45分
　　☆20分で奥と手前を入れ替える
　　35分で竹串に何もつかなくなり、40分で弾力が出てきます。焼きあがりはかなりしっかりした弾力があります。

7 焼きあがったら型に入れたまま5分おく。型から出して紙を付けたまま網の上で冷ます。冷めたらラップで包む。

variation

ケック・サレのバリエーション

Petites mignardises aux feta et tomates séchées
プティット・ミニャルディーズ

ケック・サレの作り方で少し配合を変え、
ワインのアペリティフにもピッタリのプティ・フール・サレにアレンジしました。

上口径 4cm × 底径 2cm プティフール型 約 80 個分

ingrédients

80g	牛乳
53.5g	オリーブオイル
100g	全卵
100g	フランス粉（メルベイユ）
6.7g	ベーキングパウダー
100g	ドライトマト（5mm角）
33.5g	オリーブ（ブラック）（3mm角）
4g	バジル（みじん切り）
66.5g	グリュイエールチーズ
	（すりおろしを細かく刻む）
4g	オリーブオイル（パプリカ炒め用）
53.5g	緑パプリカ（5mm角）
1g	塩
0.5g	白こしょう
0.5g	ナツメグ
100g	フェタチーズ（3mm角）

recette

1 P146「ドライトマトとフェタ、バジルのケック・サレ」同様にする。

2 バターを塗った型に生地をスプーンで8分目まで入れ、170℃のオーブンで約12分焼く。
☆6分で天板の奥と手前を入れ替える

3 焼きあがったらすぐに型から外し、網の上で冷ます。

Chapitre 3

Cuisines régionales

Nord
Est
Centre
Ouest
Sud

Rubriques
5

フランス各地方の特産や料理について

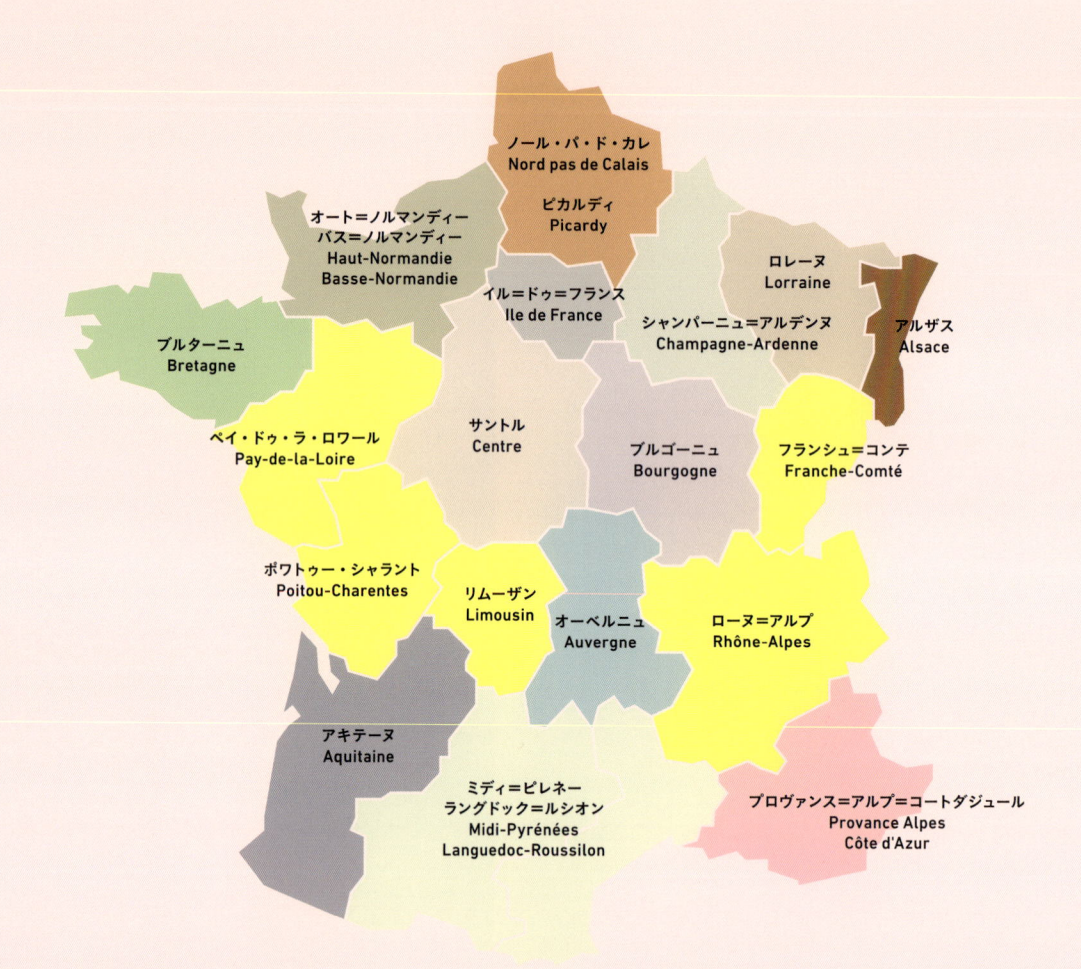

ノール・パ・ド・カレ
Nord pas de Calais

ピカルディ
Picardy

オート=ノルマンディー
バス=ノルマンディー
Haut-Normandie
Basse-Normandie

イル=ドゥ=フランス
Ile de France

ロレーヌ
Lorraine

ブルターニュ
Bretagne

シャンパーニュ=アルデンヌ
Champagne-Ardenne

アルザス
Alsace

ペイ・ドゥ・ラ・ロワール
Pay-de-la-Loire

サントル
Centre

ブルゴーニュ
Bourgogne

フランシュ=コンテ
Franche-Comté

ポワトゥー・シャラント
Poitou-Charentes

リムーザン
Limousin

オーベルニュ
Auvergne

ローヌ=アルプ
Rhône-Alpes

アキテーヌ
Aquitaine

ミディ=ピレネー
ラングドック=ルシオン
Midi-Pyrénées
Languedoc-Roussilon

プロヴァンス=アルプ=コートダジュール
Provance Alpes
Côte d'Azur

　フランスはさほど大きな国ではありません。私も子どもの頃は両親とバカンスでフランスのあちこちに行きましたし、職人になってからはデモンストレーションなどで各地を回りました。
　フランスは多様な気候・風土に富み、肥沃な土地を背景に農業、酪農が盛んであり、魚介類、肉、野菜、果物、穀物、乳製品、酒など、各地で多様性に満ちた食材が作られ、食べられてきました。皆さんもフランスで食事をする機会があれば、ぜひ季節の素材を使った料理を出してくれるブラッスリーやビストロに行ってみて下さい。私は本当においしい素材をシンプルに料理したものが好きです。素材がよくなければ、いくら技術だけよくても料理はおいしくはならないのです。
　郷土料理とはすなわち家庭料理です。家族で食卓を囲み、同じ料理を食べ、家族のきずなを深めます。今は時代も変わり、女性が男性同様社会進出するようになって家庭料理のあり方も変わってきていますが、食の本質は家族団らんの食事にあります。
　それでは各地方の特徴的な食材や料理をご紹介します。

ブルターニュ

海に面したブルターニュは気候もそれほど寒くなく、観光客にも人気の土地です。オマールエビ、ラングスティーヌ、ムール貝など魚介類がよく食べられます。また穏やかな気候のため農業も盛んで、最も古くから作られているのはキャベツ、アーティチョークです。その他、有塩バター、仔羊、豚肉加工品、りんごも特産物です。

【料理】パテ・ブルトン、アンドゥイエ（ぐるぐるまきのソーセージみたいなもの）、そば粉のガレット（塩味のクレープ）他

オート＝ノルマンディー バス＝ノルマンディー

ブルターニュの北に位置するノルマンディーも海に面していて、気候もブルターニュに似てりんごの産地でシードルやポモといったりんごを使ったお酒が特産です。またバターやカマンベールチーズも有名です。乳製品を多用した料理がよく食べられています。

【料理】ムール貝のノルマンディー風、オージュ谷風鶏肉の煮込み（⇒P168）他

サントル

小麦の産地です。またロワール城のお城めぐりなどで知られているように、森が多いので、ジビエが盛んです。鴨、うずら、キジ、鹿、イノシシ、ウサギなど、秋～冬にかけて狩猟が行われています。料理法としてはローストやテリーヌにして食べます。また冬の旬でもある栗が副菜として添えられることも多いです。

【料理】ローストやテリーヌ他

アキテーヌ

フランス南西部。ボルドー、バスクなどを含む地域。ボルドーはいわずもがなワインの有名な産地です。昔から交易が盛んで、イギリスと船で行き来していた経緯があり、古くから栄えた町です。フォワグラやトリュフ、アジャン産のプルーンなども特産品です。また鴨のフォワグラを取り出した後の副産物を使った鴨肉料理もあります。

【料理】鴨のコンフィ、マグレ・ドゥ・カナール他

ノール・パ・ド・カレ ピカルディ

フランス最北。都市はリール。ワインではなくビールが作られています。またアンディーヴ、ブリーチーズ、ビールなどが特産です。

【料理】ピカルディ風クレープ（⇒P160）、フランドル風牛肉のビール煮込み（⇒P164）他

シャンパーニュ＝アルデンヌ

ランスがこの地方の大きな都市です（ランスの大聖堂は歴代フランス国王の戴冠式が行われた歴史を持っています）。何といってもシャンパーニュです。あまり特産品は多くないのですが、珍しいものとしては、ブジーという軽めの赤ワインがあります。

イル＝ドゥ＝フランス

首都パリを中心に広がる美食の都。フランスさらにはヨーロッパ全土の食の中心でもあります。シャンピニオン・ドゥ・パリと呼ばれるマッシュルームの産地でもあります。

【料理】クロック・ムッシュウ（P64）、ニョッキ・ア・ラ・パリジェンヌ（⇒P76）、オニオングラタンスープ（⇒P96）他

オーヴェルニュ

サントル地方の南、山岳地帯でもあるオーヴェルニュ地方は、牛の産地でシャロレ牛が有名です。またよいシャルキュトゥリーも多く、ソーセージもよく作られています。チーズではサンネクテールが有名です。トリップ（内臓）料理もオーヴェルニュ料理の一つです。またこの辺りは温泉地でもあり、ミネラルウォーターの産地でもあります。

【料理】トリップ料理、レンズ豆のスープ（⇒P98）、レンズ豆のサラダ（⇒P104）、オーヴェルニュ風オックステールのサラダ（⇒P108）、ル・マンの豚のリエット（⇒P137）、オーヴェルニュ風ポテ（⇒P188）他

ミディ＝ピレネー ラングドック＝ルシオン

南フランス。ラングドック・ルシオン地方の大都市はモンペリエ。ミディ・ピレネー地方の大都市はトゥールーズです。白いんげん豆を肉と煮込んだカスレはトゥールーズ、カステルノダリ、カルカッソンヌの3都市のものが有名。それぞれ少しずつ入る具材が異なります。

【料理】ブランダード・ドゥ・モリュ（⇒P139）、カスレ（⇒P204）他

ロレーヌ

アルザスの隣にあるロレーヌ地方は、アルザスと気候が似ており、採れる食材も似ています。食通のスタニスラス公の影響でマドレーヌやババなどの菓子はここから生まれました。

【料理】キッシュ・ロレーヌ、パテ・ロラン（ロレーヌ地方のパテ）他

アルザス

アルザスは昔からドイツとの国境だったことから、ドイツになったり、フランスになったりしてきた地方。ここはペリゴールと並ぶフォワグラの産地です。フルーツの宝庫でもあり、クェッチやミラベルなども特産です。アルザスの人たちはとても食いしん坊で、フォワグラを食べ、シュークルートを食べ、デザートにヴァシュラン・グラッセを食べ、マンステールと白ワインを楽しむのがアルザスの田舎風の楽しみ方です。

【料理】アルザス風鶏肉の白ワイン煮（⇒P171）、バエコッフ（⇒174）、シュークルート他

ブルゴーニュ

ブルゴーニュはボルドーと並んでワインの産地として有名です。カシス、ディジョンマスタードも特産品です。またリヨンは食通の街として知られ、よいレストランがありますね。ブレス鶏は厳密な飼育法で作られた特に品質のよい鶏肉です。

【料理】ブルゴーニュ風ポーチドエッグの赤ワイン煮（⇒P180）、ブルゴーニュ風牛肉の赤ワイン煮（⇒P184）、コック・オ・ヴァン他

プロヴァンス＝アルプ＝コートダジュール

地中海に面した温暖な気候です。海に面しているので魚介類もよく食べられます。イタリアの食文化に近く、料理にはフランスの北部のようにクリームやバターを使うことはなく、オリーブオイルを多用しますので、比較的軽い料理です。トマトもよく使われます。ワインの種類はそれほど多くありませんが、ロゼがよく飲まれます。

【料理】スープ・オ・ピストゥー（⇒P84）、ムール貝のプロヴァンス風（⇒P191）、トマト・ファルスィ（⇒P196）、プロヴァンス風牛肉の蒸し煮（⇒P201）、ブイヤベース、スープ・ドゥ・ポワソン、ニース風サラダ他

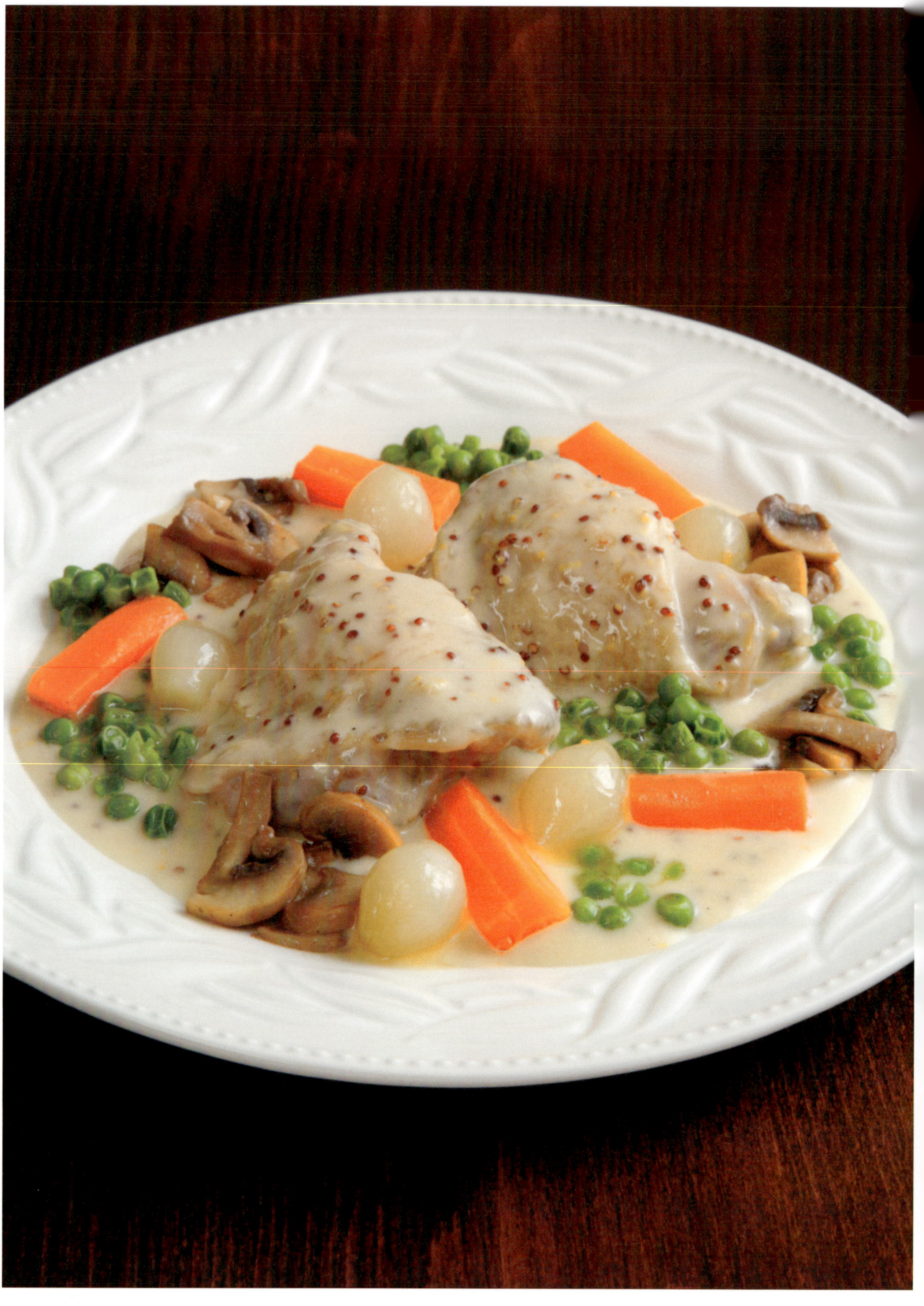

Cuisine régionale

Fricassée de poulet aux grains de moutarde
★★☆☆

Fricassée de poulet aux grains de moutarde

若鶏のフリカッセ　粒マスタードソース

「フリカッセ」とは「白い煮込み」という意味。肉をソテーしてから生クリームなどのソースを絡めるフランス家庭の定番の煮込み料理です。小玉ねぎやシャンピニオンと合わせるのも定番です。ソースの味の決め手となる粒マスタードは、昔ながらの製法で作られているものを選びましょう。

4人分
難易度　★★☆☆

ingrédients

若鶏のフリカッセ　24cmフライパン、24cm両手鍋使用

1kg	若鶏（1羽）※1
少々	塩
少々	白こしょう
25g	オリーブオイル
20g	澄ましバター（⇒P220）
75g	エシャロット
20g	コニャック
125g	白ワイン（辛口）
400g	フォン・ドゥ・ヴォライユ（⇒P210）
1束	ブーケガルニ
	タイム…3本
	ローリエ…大1/2枚、
	イタリアンパセリ…4本
適量	塩、白こしょう

ソース　24cm深鍋使用

全量	若鶏のフリカッセの煮汁
適量	ルー（⇒P221）
150g	生クリーム（35％）
15g	バター
25g	粒マスタード

ガルニチュール　15cm手鍋、18cmフライパン使用

《小玉ねぎ》
24個	小玉ねぎ（パールオニオン）
100g	水
22g	バター
12g	グラニュー糖
2g	塩
6挽	白こしょう

《シャンピニオン》
30g	バター
144g	シャンピニオン
適量	塩、白こしょう
16g	白ワイン

《にんじん》
136g	にんじん
216g	水
適量	塩、白こしょう

《グリンピース》
40g	水
適量	塩、白こしょう
8g	砂糖
100g	グリンピース
16g	バター

notes

※1　フランス、ブレス産の鶏は肉がしっかりしまっていて味わいが豊かです。日本では地鶏を使います。

préparation

(1) 鶏を8枚に切り分け（⇒P218）、両面に塩、こしょうをする（もも肉・むね肉とも2つに切る）。

(2) フライパンにオリーブオイルを入れて熱し、肉の両面に焼き色をつける。網を敷いたバットにおいてアルミホイルをかぶせておく。

(3) 肉を焼いたフライパンの油は取り除き、白ワインでデグラッセする。

△ 肉を焼いた時のフライパンをデグラッセした汁は必ず捨てずにとっておきます。

(4) 材料を切る。

若鶏のフリカッセ
　エシャロット ⇒ みじん切り。

ガルニチュール
　シャンピニオン ⇒ 縦半分、厚さ5mmに切る。
　にんじん ⇒ 皮をむき、2cm角、長さ4cmの棒状に切る。

(5) フォン・ドゥ・ヴォライユは温めておく。

recette

若鶏のフリカッセを作る。

1　ソテー用の鍋に澄ましバターを入れて熱し、エシャロットを炒める。しんなりしたら弱火にし、フタをして蒸し煮にする。十分に柔らかくなったらフタをとる。

2　焼き色をつけた鶏肉を1の鍋に入れ、コニャックを加えてフランベし、肉を焼いた時のフライパンをデグラッセした汁も加える。

3　フォン・ドゥ・ヴォライユ、ブーケガルニを加え、塩、こしょうで味を調える。軽く沸騰したらフタをして190〜200℃のオーブンで30分煮る。

△ 鍋の中は軽くフツフツの状態を保つ温度です。

4　ボウルに鶏だけを取り出し、保温しておく。煮汁はソースに使うのでこし器でこす。

Cuisine régionale

Fricassée de poulet aux grains de moutarde
★★☆☆

ガルニチュールを作る。

《小玉ねぎ》

1 手鍋に小玉ねぎを平らに並べ、水、バター、グラニュー糖、塩、こしょうを加え、中央に穴をあけた紙ブタをして中火にかける。
  ⚠ 小玉ねぎはなるべく重ならないよう一列に並べる方がきれいにグラッセ出来ます。

2 7分ほどして小玉ねぎの半分の高さまで水分が減ってきたら、まだ少し硬い状態で紙ブタを取り、さらに柔らかくなり水分が少し残るまで煮る。鍋を動かしながらさらに水分を飛ばし、艶を出す。
  ⚠ 色はつけず、白く仕上げます。

《シャンピニオン》

3 フライパンにバターを入れて熱し、シャンピニオンを軽く炒める。塩、こしょう、白ワインを加え、フタをして蒸し煮にする。こし器にあけて汁気をきる。

《にんじん》

4 手鍋にお湯を沸かし、塩、こしょうを入れてにんじんを茹でる。こし器にあけて汁気をきる。

《グリンピース》

5 手鍋に水、塩、こしょう、砂糖、グリンピース、バターを入れて煮る。

ソースを作る。

1 こした若鶏のフリカッセの煮汁を再び加熱し、少量のルーを加えてごく軽くとろみをつける。

2 さらにつなぎに生クリームを加え、バターを加えて艶を出し、最後に粒マスタードを加える。鶏肉を戻して温める。

盛り付ける。

1 温めた器に若鶏のフリカッセを盛り付け、ソースをかける。ガルニチュールをソースの周りに彩りよく添える。

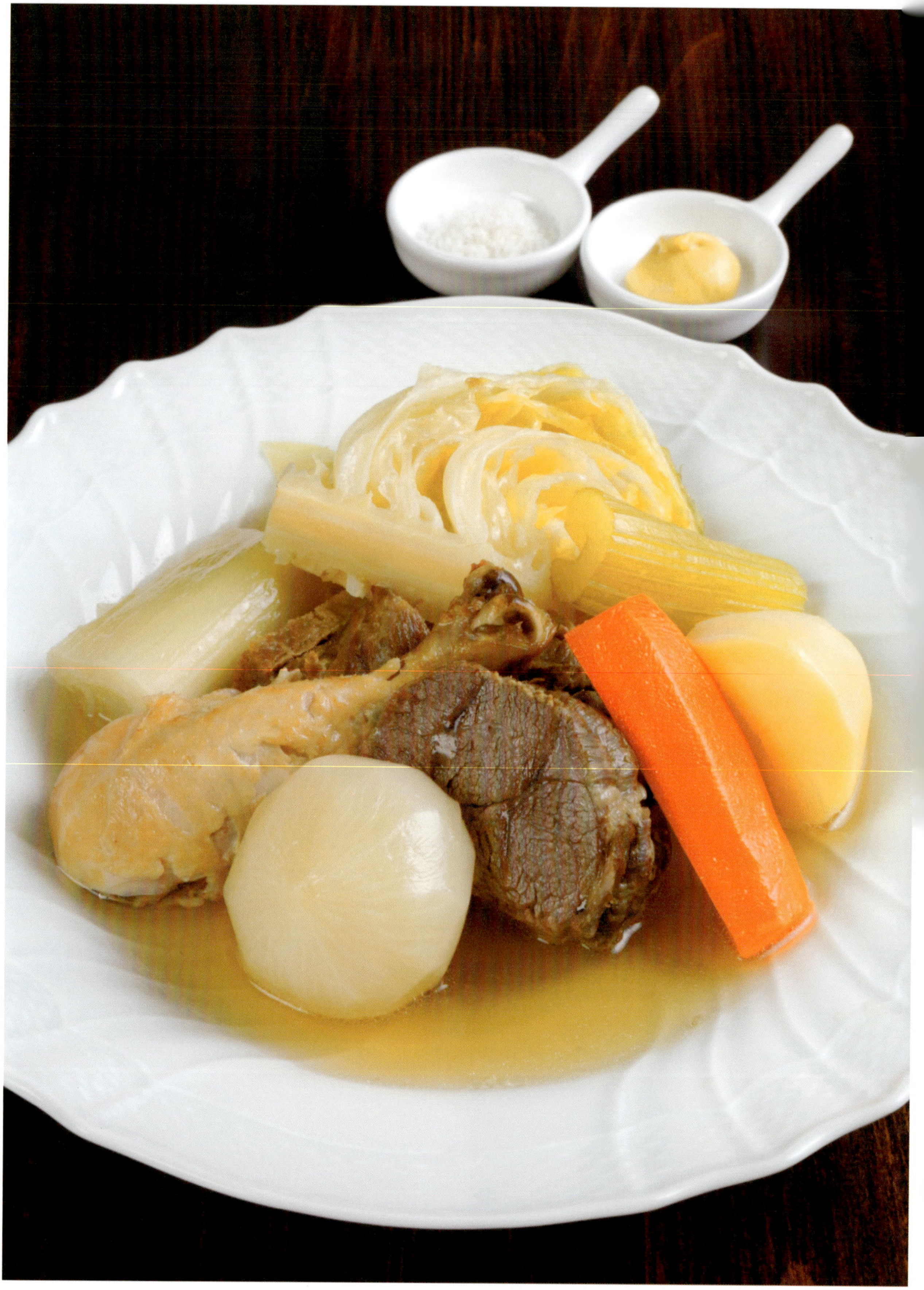

Cuisine régionale

Pot-au-feu
★★☆☆

Pot-au-feu

ポトフ

ポトフはもっとも古い、鍋で肉や野菜を煮るだけのシンプルな家庭料理です。
コトコト煮込むので、ぜひ寒い冬にお召し上がりください。
たっぷり作って、翌日肉があまったらそれを細かく切り、アッシ・パルマンティエやトマト・ファルスィ、テリーヌ、ブイヨンをゼラチンで固めてゼリー寄せなどに作り替えるのも楽しみです。

10人分
難易度 ★★☆☆

ingrédients

ポトフ 28cm両手鍋使用

7.5kg	水
500g	仔牛の骨
900g	牛の骨

A:
- 260g にんじん
- 185g 玉ねぎ
- 3片 にんにく
- 75g セロリ
- 100g かぶ

- 1束 ブーケガルニ
  - タイム…2枚
  - ローリエ…大1枚
  - イタリアンパセリ…3枚
- 2個 クローヴ
- 10粒 粒黒こしょう
- 0.8g コリアンダーシード
- 35g 粗塩
- 750g 牛肩ロース肉
- 750g 牛肩ばら肉（脇ばら肉）
- 750g 牛すね肉
- 2本 鶏もも肉（骨付き）

B:
- 400g にんじん
- 400g かぶ
- 380g ポロねぎ
- 200g セロリの白い部分
- 1個分 キャベツ（大）
- 400g じゃがいも

盛り付け
- 適量 フルール・ドゥ・セル、マスタード

préparation

（1）材料を切る。

Aの香味野菜
- にんじん ⇒ 4cmの斜め切り
- 玉ねぎ ⇒ 3cm角に切る。
- にんにく ⇒ 丸ごと。
- セロリ ⇒ 筋を取り、厚さ1.5cmに切る。
- かぶ ⇒ 4等分に切る。

Bの野菜
- にんじん ⇒ 縦4つ、長さ8cmくらいに切る。
- かぶ ⇒ 半分に切る。
- ポロねぎ ⇒ タコ糸で縛る。
- セロリの白い部分 ⇒ 長さ8cmに切り、タコ糸で縛る。
- キャベツ ⇒ 4等分にしてタコ糸で縛る。

（2）肉はタコ糸で縛る。

recette

ポトフを作る。

1 鍋の底に骨を入れ、水を注ぐ。**Aの香味野菜**を準備し、それぞれ茶袋に入れて加える。沸騰させてアクをしっかり取り、ブーケガルニ、クローヴ、黒こしょう、コリアンダーシード、粗塩25gを加え、弱火にして約45分〜1時間加熱する。

2 香味野菜を取り出し、肉を加え、ごく弱火で煮たたせることなく加熱し、アクをしっかり取る。

3 肉の煮え具合を確かめながら、約3時間煮る。柔らかくなった肉は先に取り出す。味見して必要なら塩10gを足す。3時間経ったら全ての肉を取り出し、取り出した肉はぴったりとラップをかけ、暖かい場所で保温しておく。

4 Bの野菜を加えて約2時間煮る。
△ 平均的なポトフの加熱時間は5時間です。

5 別の鍋に塩少量（分量外）加えたお湯を入れ、じゃがいもを茹でる。
△ じゃがいものデンプン質でスープを濁らせないようにするためです。

6 食べる前に肉を戻して温める。

盛り付ける。

1 器に盛り、フルール・ドゥ・セル、マスタードを添える。

ワイン
赤ワインと合わせるといいでしょう。

Rubriques 6

ポトフにまつわる話

photo：第18回講習会にて。

　ポトフは名前が示すとおり、「火にかけた鍋」が由来の料理です。加熱方法が変化するにつれて、加熱の用具も変化しました。

　様々な肉（牛、仔牛、羊、豚、鶏、ジビエ）、魚介類などから作ることの出来る、最も古い料理の一つです。また様々な味を加えるために、色々な香草、果実、野菜が用いられます。

　人間の知恵と料理の進歩によって、最初は全く単純な料理だったものが、より洗練されたものとなりました。しかし、このポトフはあくまでもフランスの伝統的な料理のカテゴリーに入ることを忘れてはなりません。

　まずその土地の基本的な食材のシンプルな味を引き立たせなければなりません。

　最も鮮度の高い、質の良い食材を探さなければなりませんし、単純な料理を味わい深い素晴らしい料理にするために、弱火で行う完璧な調理法を遵守しなければなりません。

　そうすればポトフ一品で完全な食事になります。

　使う肉の選び方としては、様々な肉の間に均衡がとれていなければなりません。

　それぞれの味、テクスチャーによって、肉を3つのカテゴリーに分け、3種類を使います。

○ 脂分の少ない部位
　マクルーズ（牛肩ロース）、バヴェット（腹部）

○ 脂肪分の多い部位
　脇腹肉、ばら肉、タンドロン（後部ばら肉）、フランシェ（腹部肉）

○ ゼラチン質の多い部位
　ジュモ（後外肩肉）、テイル、すね肉

　肉の骨も使いますし、さらに骨を追加することもあります。

　骨髄の入った骨を使用することもできます。骨髄はポトフを食べる時に、パンのクルトンに塗って食べます。

　ポトフに添える野菜は丁度よい加熱状態になるように、別々に煮ます。

　本来の正式なポトフは数回に渡ってサービスされます。まず最初はブイヨンが出されます。ブイヨンはグリルしたパンやチーズとともに食されます。

　2回目のブイヨンのサービスは少量のワインとともに出されます。ブイヨンとワインを混ぜて飲むためです。これを「シャブロ」といいます。

　次に野菜を添えて様々な肉が出され、全体にブイヨンを注ぎます。

　ポトフに添えるものには粗塩、挽いたこしょう、マスタードなどがあります。特にディジョンの白マスタードはポトフによく合います。コルニション（ピクルス）や小玉ねぎ、ジロール茸などのヴィネガー風味も忘れてはならないでしょう。

　ポトフにソースを添える人もいます。マヨネーズソース、ホースラディッシュソース、ピカントソース（刺激のあるソース）、マスタードソースなどです。

Ficelles picardes
ピカルディ風クレープ

北フランス、ピカルディの郷土料理です。ハムとチーズ、ポロねぎのガルニチュールをクレープで包み、グラティネします。ガルニチュールのポロねぎを玉ねぎにして作ってもおいしいです。

Cuisine régionale

Ficelles picardes
★★☆☆

6人分
難易度　★★☆☆

ingrédients

パータ・クレープ　18cmクレープパン使用
- 96g　全卵
- 2.8g　塩
- 91g　牛乳A
- 113g　薄力粉
- 135g　牛乳B
- 41g　溶かしバター
- 0.1g　ナツメグ
- 13挽　白こしょう

ガルニチュール用ポロねぎ　15cm手鍋使用
- 30g　バター
- 370g　ポロねぎ
- 2.5g　塩
- 13挽　白こしょう
- 200g　濃いめのフォン・ドゥ・ヴォライユ（⇒P210）
- 13振　ナツメグ

ガルニチュール　18cmフライパン使用
- 250g　ハム
- 約290g　汁気をきったポロねぎ（→上記）
- 54g　生クリーム（35%）
- 27g　グリュイエールチーズのすりおろし
- 15挽　白こしょう

ソース　15cm手鍋使用
- 14g　オリーブオイル
- 45g　エシャロット
- 35g　白ワイン
- 約70g　ポロねぎをこした汁（→上記）
- 160g　濃いめのフォン・ドゥ・ヴォライユ（⇒P210）
- 17g　ルー（とろみをみて調節）（⇒P221）
- 55g　生クリーム（35%）
- 0.5g　塩
- 10挽　白こしょう
- 3g　セルフィーユ

仕上げ
- 1皿5g　グリュイエールチーズのすりおろし

préparation

▶ 前々日
（1）パータ・クレープの薄力粉はふるう。

▶ 当日
（2）材料を切る。

ガルニチュール用ポロねぎ
　ポロねぎ ⇒縦半分、幅1cmに切る。

ガルニチュール
　ハム ⇒8mm角、長さ5cmに切る。
　グリュイエールチーズ ⇒チーズおろしですりおろす。

ソース
　エシャロット ⇒3〜4mmのみじん切り。

recette

前々日

パータ・クレープを作る。

1. ボウルに全卵、塩を入れてホイッパーでよくほぐし、牛乳Aを加えて混ぜる。

2. 前もってふるっておいた薄力粉を一度に加え、ほとんどだまがなくなるまでゆっくり混ぜる。
   ※これ以上混ぜるとグルテンが形成されるので注意して下さい。

3. 牛乳Bを少しずつ加えながらのばしていく。1/3量を5回に分けて加え、1回加えるごとに比較的ゆっくりと30回ずつ混ぜながらのばす。残りはサーッと混ぜながら加える。

4. 溶かしバターを加えて混ぜ、裏ごしする。密閉容器などに入れて冷蔵庫で最低2晩休ませる。
   ※日本の粉を使う場合、2晩休ませないとグルテンがそのままでゴムのように焼きあがります。冷蔵庫の温度が高い場合、あまり長い期間おくとパートゥが腐敗することがありますので注意して下さい。

当日

ガルニチュール用ポロねぎを作る。

1. 手鍋にバターを入れて熱し、ポロねぎを加え、フタをして中火で蒸し煮にする。時々フタをあけ、色をつけずにしんなりするまで木べらで混ぜながら炒める。
   ※大きな鍋で炒めると、加熱時間が短くなり甘味が足りなくなります。

2. 塩、こしょう、温めたフォン・ドゥ・ヴォライユを加え、軽くフツフツと加熱する。

3. ナツメグを加え、味を調える。ポロねぎがさらにしんなりするまで軽くフツフツと2～3分煮る。

4. 3のポロねぎをこし器にあけ、ポロねぎと汁に分けておく。
   ※ポロねぎはガルニチュールとして使うので、汁気をきるくらいでよいです。汁はソースに使います。

パータ・クレープを焼く。

1. クレープパンに澄ましバター（⇒P220・分量外）を入れてよく熱し、生地を約55g～60g流し、両面にちりめん模様がつくように焼く。
   ※中火より少し弱めの火であまり色がつかないように焼きます。厚すぎず、薄すぎないように焼いて下さい。

2. 焼きあがったらバットに取り出してアルミホイルをかぶせ45℃のオーブンで保温しておく。

Cuisine régionale

Ficelles picardes
★☆☆☆

ガルニチュールを作る。

1 フライパンを強火で熱し、ハムを炒める。表面に軽く焼き目がついたら、汁気を切ったポロねぎを加え、さらに炒める。

2 ポロねぎの水分が飛んだら中火にし、木べらで混ぜながら生クリームを加える。

3 グリュイエールチーズのすりおろしを加え、こしょうをする。

ソースを作る。

1 手鍋にオリーブオイルを入れて熱し、エシャロットを加えて中火で炒める。色がつかない程度にしんなりするまで炒めたら白ワインを加える。

2 ポロねぎをこした汁とフォン・ドゥ・ヴォライユも加えて軽く沸騰するくらいの火加減で煮詰める（約115〜135gくらいまで）。

3 煮詰まったらルーを加えてホイッパーでよく混ぜる。生クリーム、塩、こしょうを加えて混ぜる。

4 仕上げにみじん切りしたセルフィーユを加える。

仕上げる。

1 クレープの中央にガルニチュール約90gをのせて巻く。綴じ目を下にする。

2 温めておいた器に1をおき、周りにソースを約25g流す。

3 クレープの上にグリュイエールチーズのすりおろしをのせ、チーズが溶けて少し焦げ目がつくまでガスバーナーで炙る。
△ ガスバーナーが無い場合はクレープにチーズをのせて高温のオーブンでサッと表面に焦げ目をつけてから2の皿にのせます。

Carbonnade de bœuf à la flamande
フランドル風　牛肉のビール煮込み

カルボナードはフランス北部やベルギーでよく食べられる煮込み料理です。
郷土料理にはその土地の産物を合わせることが大切です。
この一帯はワインではなくビールが作られているため、煮込みにもビールを使います。
付け合わせのキャベツを合わせたじゃがいものピュレも、どっしりした煮込みによく合います。

Cuisine régionale

Carbonnade de bœuf à la
flamande
★★☆☆

10人分
難易度　★★☆☆

ingrédients

牛肉のビール煮込み　24cmフライパン、24cm両手鍋使用

1.5kg	牛肩ロース肉
10g	塩
適量	黒こしょう
43g	オリーブオイル
500g	玉ねぎ
500mℓ	黒ビール[※1]
10g	ジュニパーベリー[※2]
250g	ドゥミグラス（⇒P213）
4.1g	塩
適量	黒こしょう
1束	ブーケガルニ
	タイム…2本
	ローリエ…1枚
	イタリアンパセリ…4本
15g	赤きび砂糖[※3]

ちりめんキャベツとじゃがいものピュレ　24cm両手鍋使用

450g	じゃがいも（キタアカリ）
450g	じゃがいも（メークイン）
74g	バター（ポマード状）
340g	ちりめんキャベツ[※4]
24g	オリーブオイル
4g	塩
適量	白こしょう
72g	バター
適量	塩、白こしょう

ソース　15cm手鍋使用

全量	牛肉のビール煮込みの煮汁
30g	ルー（⇒P221）
適量	塩、黒こしょう

préparation

（1）材料を切る。

牛肉のビール煮込み

　牛肩ロース肉 ⇒ 約4cm角（1切れ75gくらい）、24切れにする。
　玉ねぎ ⇒ 1.5cm角に切る。

ちりめんキャベツとじゃがいものピュレ

　じゃがいも ⇒ 4cm角に切る。

（2）ドゥミグラスは温めておく。

notes

※1　黒ビールはベルギービールなどがお薦めです。本講習会では「東京ブラック」を使用。
※2　ヨーロッパ原産のネズの実のこと。肉料理やザワークラウトなどに使われます。
※3　赤きび砂糖はフランス産のものを使用。
※4　フランスのサボワ地方で作られてきたことから「サボイキャベツ」とも呼ばれます。フランスやイタリア等、ヨーロッパではポピュラーなキャベツです。普通のキャベツで代用可。

recette

牛肉のビール煮込みを作る。

1 肉全体に塩、こしょうをする(裏返してまんべんなく)。

2 フライパンにオリーブオイル37gを入れて熱し、中火で肉の外側の部分全面に色がつくほどに焼く。表面に軽く焦げ目がついたら網の上に取り出し、余分な脂を落とす。

3 フライパンに残った油は捨て、温めておいたドゥミグラスをレードル1杯加えてデグラッセする。
　△ デグラッセした汁は煮込みの時に加えるので残りのドゥミグラスと合わせておきます。

4 両手鍋にオリーブオイル6gを入れて熱し、中火で玉ねぎを炒める。玉ねぎに薄く色がついてきたら、2の肉を加えて軽く混ぜる。

5 黒ビールを加えて加熱する。鍋の周りについた煮汁は刷毛でぬぐい落とす。

6 茶袋に入れたジュニパーベリーを入れ、温めたドゥミグラスを入れる。

7 塩、こしょうをし、ブーケガルニ、赤きび砂糖を加えて軽く沸騰したら、アクと脂をとる。アルミホイルを軽くかけ隙間がないようフタをし、180℃のオーブンで1時間25分煮る。
　△ 肉が柔らかくなり、しっとりするまで煮ます。
　△ 30分おきに中の状態をみます。
　△ スプーンで上下を混ぜ刷毛で鍋の内側をきれいにします。

8 肉が十分に柔らかくなったところでオーブンから出し、肉とソースに分け、肉は保温しておく。ジュニパーベリーは別の器にとっておく。ソースはこし器でこし、スプーンでしっかりと押す。

Cuisine régionale

Carbonnade de bœuf à la flamande
★★☆☆

ちりめんキャベツとじゃがいものピュレ

1 じゃがいもは1％の塩を入れたお湯（分量外）で竹串がすっと通るまで茹でる。じゃがいもを裏ごしし、温かいうちにポマード状のバターを加え、木べらで切るように混ぜる。茹で汁もとっておく。

2 ちりめんキャベツは1％の塩を入れたお湯（分量外）で葉が透き通るまで約2分30秒茹でる。水けをきり、芯を切って幅5mm、長さ7〜8cmの千切りにする。

3 両手鍋にオリーブオイルを入れて熱し、2のキャベツを入れ、塩、こしょうをして軽く火を通す。弱火にしてフタをして約6分蒸し煮にする。柔らかいが歯触りが残るくらいが目安。バターを加えて全体にいきわたらせる。

4 3に1を入れ、木べらで混ぜる。水分が少なければじゃがいもの茹で汁をレードル3〜4杯を目安に滑らかなピュレ状になるまで加える。
　※ジャガイモによってかなり水分量が違うので、茹で汁の量は柔らかさを見て調節します。

5 塩、こしょうを加え、味を調える。
　※すぐ使わない場合は乾燥させないようにラップをして湯煎の上で保温します。

ソースを作る。

1 ソースの浮いた脂を取り除き元の鍋に戻して煮詰める。周りの焦げつきも刷毛できれいに落とす。

2 ルーを加え混ぜ、塩、こしょうで味を調える。肉をソースの入った鍋に戻し入れて温める。

盛り付ける。

1 温めた器に**ちりめんキャベツとじゃがいものピュレ**を80gのせる。

2 **牛肉のビール煮込み**を盛り付け、**ソース**をかける。煮て取り出しておいたジュニパーベリーを5粒散らす。

ワイン
ワインも合いますが、煮込みで使ったものと同じ黒ビールを合わせるとよいでしょう。

Poulet vallée d'Auge

オージュ谷風　鶏肉の煮込み

Cuisine régionale

Poulet vallée d'Auge
★★☆☆

フランス北西部ノルマンディー地方は美食の地で、酪農が盛んなので牛乳やチーズ、生クリームなどの乳製品、そしてりんごの産地です。「オージュ谷風」というと、カルバドスやシードルを使った、ノルマンディーを代表する煮込み料理です。付け合わせにはシャンピニオンとりんごのソテーを添え、鶏肉と付け合せの食感を楽しみます。

4人分
難易度 ★★☆☆

ingrédients

鶏肉の煮込み　24cmフライパン、24cm両手鍋使用

1kg	若鶏（1羽）
5g	塩
20挽	黒こしょう
18g	オリーブオイル
24g	澄ましバター（⇒P220）
72g	エシャロット
48g	カルバドス
210g	シードル
210g	濃いめのドゥミグラス（⇒P213）
1.8g	塩

ガルニチュール　15cm手鍋、18cmフライパン使用
《シャンピニオン》

247g	シャンピニオン
30g	オリーブオイル
11g	バター
1.6g	塩
20挽	白こしょう

《りんご》

2個	りんご（ジョナゴールド）
13g	バター
3g	オリーブオイル

ソース　15cm手鍋使用

全量	鶏肉の煮込みの煮汁
100g	生クリーム（35%）
18g	ルー（⇒P221）
15g	カルバドス
7g	バター
0.3g	塩

préparation

（1）鶏を8枚に切り分け（⇒P218）、両面に塩、こしょうをする（もも肉・むね肉とも2つに切る）。

（2）フライパンにオリーブオイルを入れて熱し、肉の両面に焼き色をつける。網を敷いたバットにおいてアルミホイルをかぶせておく。

（3）ドゥミグラスは温めておく。

（4）肉を焼いたフライパンの油は取り除き、ドゥミグラスを少量入れてデグラッセする。

（5）材料を切る。
鶏肉の煮込み
　エシャロット ⇒ みじん切り。
ガルニチュール
　シャンピニオン ⇒ 縦8つに切る。
　りんご ⇒ 皮をむき、8つにして芯を取る。

ワイン
ノルマンディー地方はシードルの産地なので、シードルもしくは軽めのワインと合わせるとよいでしょう。

保存は冷蔵庫で4〜5日間。

recette

鶏肉の煮込みを作る。

1. フライパンに澄ましバターを入れて熱し、エシャロットを炒める。しんなりしたら弱火にし、フタをして蒸し煮にする。十分に柔らかくなったらフタをとる。

2. 焼き色をつけた鶏肉を1に入れ、カルバドスを加えてフランベし、両手鍋に移す。

3. シードルと温めておいたドゥミグラス、フライパンをデグラッセした汁、塩を加える。

4. 沸騰したらフタをして180℃のオーブンで約30分煮る。
   ※ 途中で煮え具合を確認してください。火の通りが足りない場合はもう一度オーブンに入れて下さい。

5. ボウルに鶏肉だけを取り出し、保温しておく。煮汁はソースに使うのでこし器でしっかりとこす。

ガルニチュールを作る。

《シャンピニオン》

1. フライパンにオリーブオイルとバターを入れて熱し、シャンピニオンを加え強火で炒める。

2. 塩、こしょうをして、キツネ色になるまで炒めたらこし器にあけて汁気をきる。

《りんご》

3. フライパンにバターとオリーブオイルを入れて熱し、バターが溶けたら、りんごを並べる。

4. りんごの両面に強めの火で短時間で焼き色をつける。フォークで時々返し、焼き色を見る。

5. 天板にベーキングシートを敷き、りんごを並べ170℃のオーブンで竹串がすっと入るくらいまで約10分焼く。

ソースを作る。

1. **鶏肉の煮込み**をこした煮汁をそのままソースに使う。手鍋に移し、余分な脂は取り除きながら中火で煮詰める。

2. ホイッパーで混ぜながら生クリームを加え、よく混ぜる。

3. 生クリームが混ざったら火を消してルー、カルバドスを加え、最後にバターを加えて混ぜる。濃度と味わいを調整する。

盛り付ける。

1. シャンピニオンはフライパンに戻し、温めておく。

2. 温めた器に**鶏肉の煮込み**を2切れ、**ガルニチュール**のりんごを3切れ盛り付け、**ソース**をかける。

Poulet au riesling
アルザス風　鶏肉の白ワイン煮

アルザス地方でよく食べられている鶏肉の煮込み料理です。
煮込みで使うアルザスワイン、リースリングの味が料理の決め手となりますので、
ワイン選びもとても大切です。

Poulet au riesling

アルザス風　鶏肉の白ワイン煮

4人分
難易度　★★☆☆

ingrédients

鶏肉の煮込み　24cmフライパン、24cm両手鍋使用

1.2kg	若鶏
2.2g	塩
40挽	黒こしょう
25g	オリーブオイル
35g	エシャロット
10g	にんにく
175g	白ワイン（リースリング）
380g	濃いめのドゥミグラス（⇒P213）
1束	ブーケガルニ
	┌ タイム…3本
	├ ローリエ…1/2枚
	└ イタリアンパセリ…4本
1g	塩
20挽	黒こしょう

シャンピニオン　18cmフライパン使用

200g	シャンピニオン
2g	塩
20挽	黒こしょう
15g	オリーブオイル
10g	バター

タグリアテル※1

3ℓ	水
30g	粗塩
180g	生パスタ
22g	バター
15挽	白こしょう

ソース

全量	鶏肉の煮込みの煮汁
22g	ルー（⇒P221）
100g	生クリーム
1.5g	セルフィーユ
16g	バター

盛り付け

適量	シブレット

préparation

（1）鶏を8枚に切り分け（⇒P218）、両面に塩、こしょうをする（もも肉・むね肉とも2つに切る）。

（2）フライパンにオリーブオイル15gを入れて熱し、肉の両面に焼き色をつける。網を敷いたバットにおいてアルミホイルをかぶせておく。

（3）ドゥミグラスは温めておく。

（4）肉を焼いたフライパンの油は取り除き、ドゥミグラスを少量入れてデグラッセする。

（5）材料を切る。

鶏肉の煮込み
　エシャロット、にんにく ⇒ 粗めのみじん切り。

シャンピニオン
　シャンピニオン ⇒ 縦半分にして厚さ1mmに切る。

ソース
　セルフィーユ ⇒ みじん切り。

盛り付け
　シブレット ⇒ 小口から2〜3mmに切る。

notes
※1　市販の生パスタ（タリアテッレ）を使っています。もし時間があれば手打ち麺を自分で作ってみるのもお薦めです（⇒P203）。

ワイン
リースリングやシルヴァネーなどアルザスワインと合わせるのがいいでしょう。

保存は冷蔵庫で4〜5日間。

Cuisine régionale

Poulet au riesling
★★☆☆

recette

鶏肉の煮込みを作る。

1 鍋にオリーブオイル10gを入れて熱し、エシャロットを中火で炒める。少し透き通ってきたら弱火にしてフタをして蒸し煮にする。エシャロットがしんなりしてきたらにんにくを加え、フタをして蒸し煮にする。時々木べらで混ぜる。
   ※ 初めからにんにくを加えると苦味が出るので途中で加えます。

2 にんにくの香りが出てきたら鶏肉を並べ、白ワイン、ブーケガルニを加え2分沸騰させてワインの酸味を飛ばす。ドゥミグラス、フライパンをデグラッセした汁、塩、こしょうを加える。
   ※ この時鶏肉が煮汁から出ていても問題ないです。

3 沸騰したらフタをして170℃のオーブンで約30分煮る。
   ※ 途中オーブンから出した時に刷毛で鍋の周りをきれいにぬぐい落とします。

4 ボウルに鶏肉だけを取り出し、保温しておく。煮汁はソースに使うのでこし器でしっかりとこす。

シャンピニオンを作る。

1 フライパンにオリーブオイルを入れて熱し、シャンピニオンを強火で炒める。バター、塩、こしょうを加え、キツネ色になるまで2分半ほど炒めたら火からおろし、こし器にあけて汁気をきる。

タグリアテルを作る。

1 水を沸騰させて粗塩を入れ、生パスタを茹でる。茹で汁をきり、ボウルに移す。バターを加えて全体に絡め、こしょうをふる。

ソースを作る。

1 煮汁にルーを加えてとろみをつけ、スプーンでアクを取りながら煮詰める。

2 生クリームをホイッパーで混ぜながら3回に分けて加え、セルフィーユを加える。さらに様子を見てルー、バターを加える。

3 鶏肉を2に戻し入れ、煮汁をかけながら温める。シャンピニオンも加える。

盛り付ける。

1 温めた器に**鶏肉の煮込み**を2切れのせる。

2 **タグリアテル**を添え、**ソース**をかける。**タグリアテル**にシブレットをふりかける。

Baeckeoffe

バエコッフ

バエコッフ（ベッコフとも呼ばれます）は、アルザス語で「パン屋さんのかまど」という意味です。かつてアルザスでは毎週月曜日が洗濯の日で、一週間分の洗濯物を一日がかりで洗っていたそうです。ごはんを作る時間もないお母さんたちが日曜日のうちに肉と野菜をマリネし、翌朝鍋に入れて馴染みのパン屋さんに預けて窯の余熱で煮込んでもらったのが始まりと言われています。別名「月曜日の料理」と呼ばれるアルザス伝統のシチューです。

Cuisine régionale

Baeckeoffe
★★☆☆

4〜5人分
難易度　★★☆☆

ingrédients

マリナード　24cm両手鍋使用

250g	豚肩ロース肉
250g	仔羊肩肉
250g	牛すね肉
100g	玉ねぎ
2片	にんにく
40g	ポロねぎ
100g	にんじん

A {
- 1個　クローヴ
- 1束　ブーケガルニ
  - タイム…2本
  - ローリエ…2枚
  - セロリの白い部分…長さ10cm
  - パセリの軸…10本
- 2.5g　粒黒こしょう
- 7g　粗塩
- 350g　白ワイン※1
}

1/2本	豚足（茹でてあるもの）
125g	オックステール
1kg	じゃがいも（シンシア）※2
4.6g	塩
適量	黒こしょう
400g	フォン・ドゥ・ヴォライユ（⇒P210）

préparation

前日

(1) 材料を切る。

マリナード

肉3種 ⇒ 5cm角（1個50〜60g）に切る。
玉ねぎ ⇒ 半分に切り、厚さ1cmに切る。
にんにく ⇒ 厚さ3mmに切る。
ポロねぎ ⇒ 縦半分、厚さ1cmに切る。
にんじん ⇒ 細いものは厚さ1cmの輪切り、太いものは半月切り。

(2) 肉と野菜をAの材料と合わせて冷蔵庫に入れる。途中12時間経ったらよく混ぜ、24時間漬け込む。

当日

(1) その他の材料を切る。

豚足 ⇒ 関節の部分で4cm程度に切る。
じゃがいも ⇒ 皮をむき、厚さ5mmに切る。

(2) オックステールは水から火にかけ、沸騰後5分茹でて冷水に取り、水けをきる。骨から身を外す。

(3) フォン・ドゥ・ヴォライユを温めておく。

notes

※1　アルザス料理にはアルザスワインが合います。講習会ではリースリングを使いました。
※2　3時間煮込んでも煮崩れないしっかりした硬さのあるじゃがいもを選びます。

recette

1 **マリナード**をこし器にあけ、具と漬け汁に分ける。

2 じゃがいもに塩、こしょうをし、3分ほどおく。鍋の底にじゃがいもの1/2量を入れる。

3 汁気をきった**1**の肉と野菜、豚足、オックステールを入れる。

4 残りのじゃがいもをのせる。**1**の漬け汁をすべて加え、フォン・ド・ヴォライユを鍋の縁から2〜3cmくらいまで加える。
  △ 水分が足りない分、フォン・ドゥ・ヴォライユを加えます。

5 鍋とフタの間にしっかりとアルミホイルをして密閉し、180℃のオーブンで3時間煮る。
  △ 専用のベッコフ鍋など陶器の器を用いる場合は、密閉性が弱いため、強力粉100g、水55gで生地を作り、それでフタの隙間から蒸気が逃げないようにふさぎます。
  △ 鍋の大きさや密封具合にもよるので、途中2時間で様子を見ます。

ワイン
料理に使ったワインで合わせるとよいでしょう。アルザスのリースリングなどがお薦めです。

(保存は冷蔵庫で4〜5日間。)

Bœuf au paprika à la hongroise
ハンガリー風　牛肉のパプリカ煮込み（ハンガリアングラーシュ）

この料理は出来たてよりも1～2日おいた方が、より味がしみておいしくなります。
料理のポイントは、お肉に塩こしょうで味付けをした後、小麦粉をまぶし、炒めた
玉ねぎの上に加えること。この技法は昔ながらのやり方で、肉の焼き色を良くし、
赤ワインやドゥミグラスを加えた時に、トロミをつける意味合いもあります。
ブランケットやポトフと同様、冬に食べたい素朴な煮込み料理です。

Bœuf au paprika à la hongroise

ハンガリー風　牛肉のパプリカ煮込み（ハンガリアングラーシュ）

4〜5人分
難易度　★★☆☆

ingrédients

牛肉のパプリカ煮込み　　24cm両手鍋使用

600g	牛肩ロース肉
	（ニュージーランド産、アメリカ産）
3.5g	塩
30挽	黒こしょう
15g	薄力粉
33g	オリーブオイル
350g	玉ねぎ
260g	トマト
30g	にんにく
65g	トマトの種をこした汁
50g	トマトペースト
126g	赤ワイン
0.7g	クミンパウダー
0.3g	マジョラム
7.8g	パプリカパウダー
4.6g	塩
225g	緑パプリカ
690g	軽めのドゥミグラス（⇒P213）
600g	じゃがいも（シンシア）
1.2g	塩

盛り付け

4g	イタリアンパセリ

préparation

（1）緑パプリカは網の上で焦げ目がつくまであぶり、プティクトーとキッチンペーパーを使って皮を剥く。
　　△ あぶった後、氷水につけて剥いてもよいです。

（2）材料を切る。
　　玉ねぎ ⇒1cm角に切る。
　　にんにく ⇒3〜4mmのみじん切り。
　　トマト ⇒湯むき（⇒P221）して種を取り、2cm角に切る。
　　トマトの汁 ⇒種を裏ごしする。
　　緑パプリカ ⇒種とワタを取り除き、1.5cm角に切る。

（3）牛肉を1切れ50gに切り分ける。バットに並べて塩、こしょうをふる。

ワイン
白または軽めの赤ワインがよいでしょう。

Cuisine régionale

Bœuf au paprika à
la hongroise
★★☆☆

recette

1 牛肉に薄力粉をふるいで均一にふりかける。

2 鍋にオリーブオイルを入れて熱し、玉ねぎを加える。木べらで時々混ぜながら、色はつけずに半透明になるまでしっかり炒める。

3 中火にし、1を加えて時々木べらで下から混ぜる。この時バットに残った粉も全て加える。
　⚠ ここで粉を全て加えることで、出来あがりにとろみがつきます。
　⚠ 炒める時は粉が鍋底にこびりつくので木べらでこすりとるように混ぜます。

4 トマトとにんにくを加え、弱めの中火でさらに炒める。

5 トマトの汁、トマトペーストの順に加え、木べらで底をこするように全体を混ぜる。

6 赤ワインを加える。底に粉がこびりついているので、赤ワインで底をデグラッセして木べらでこすり取るようにする。

7 クミンパウダー、マジョラム、パプリカパウダー、塩、緑パプリカを加える。

8 ドゥミグラスを加え、軽く沸騰したらフタをして180℃のオーブンで30分煮る。オーブンから出たら底を木べらで混ぜ、鍋のまわりを刷毛できれいにする。

9 さらに170℃で45分煮る。鍋がオーブンに入っている間にじゃがいもの皮をむき、2つから3つに切る。
　⚠ 変色するので直前に切ります。

10 45分煮たらじゃがいもを加え、さらに40分煮る。

11 じゃがいもにナイフがすっと入るようになったらオーブンから出し、刷毛で鍋の周りをきれいにし、塩を加えて味を調える。フタをずらし、常温においておく。
　⚠ 脂が浮いてきたら取り除きます。脂をそのままにしておくと、脂がフタになってしまい、早く痛んでしまいます。

盛り付ける。
1 温めておいた器に肉とじゃがいもを盛り付ける。

2 煮汁をかけ、イタリアンパセリのみじん切りを散らす。

Œuf en meurette à la bourguignonne

ブルゴーニュ風　ポーチドエッグの赤ワインソース

ブルゴーニュワインを楽しむ時に食べたい料理の代表格です。
2001年度の料理講習会でデモンストレーションをした時には、ソースのとろみをつけるために豚の血を使いましたが、家庭でも作りやすいようにチョコレートを加え、味とソースの色に深みを出しました。

4人分
難易度　★★☆☆

Cuisine régionale

Œuf en meurette à la bourguignonne
★★☆☆

ingrédients

ガルニチュール　15cm手鍋、18cmフライパン使用
《小玉ねぎ》
- 12個　小玉ねぎ（パールオニオン）
- 150g　水
- 30g　バター
- 15g　グラニュー糖
- 2.3g　塩
- 15挽　白こしょう

《ベーコン》
- 5g　オリーブオイル
- 60g　ベーコン

《シャンピニオン》
- 20g　バター
- 3g　オリーブオイル
- 120g　シャンピニオン
- 1.5g　塩
- 15挽　白こしょう

ソース　15cm手鍋使用
- 10g　オリーブオイル
- 50g　エシャロット
- 10g　セロリ
- 50g　にんじん
- 6g　イタリアンパセリ
- 250g　赤ワイン
- 1本　タイム（枝ごと）
- 1/2枚　ローリエ
- 5g　粒黒こしょう
- 250g　濃いめのドゥミグラス（⇒P213）
- 20g　ルー（⇒P221）
- 0.3g　塩
- 20g　セミスイートチョコレート（カカオ分72％）※1
- 20g　バター

ポーチドエッグ　15cm手鍋使用
- 500g　赤ワイン
- 4個　卵

盛り付け
- 適量　バゲット
- 適量　バター

préparation

（1）材料を切る。

ガルニチュール
　ベーコン ⇒ 8mm角、長さ3〜4cmの棒状に切る。
　シャンピニオン ⇒ 縦半分、厚さ5mmに切る。

ソース
　エシャロット、セロリ、にんじん ⇒ 5mm角に切る。
　イタリアンパセリ ⇒ 1.5cm角くらいの粗めに刻む。
　黒こしょう ⇒ 小鍋の底で軽くつぶす。
　チョコレート ⇒ 刻む。

---

notes

※1　チョコレートはカカオ分の高いものを使用してください。本書ではペック社のアメリカオを使用。

recette

ガルニチュールを作る。

《小玉ねぎ》

1 手鍋に小玉ねぎを平らに並べ、水、バター、グラニュー糖、塩、こしょうを加え、紙ブタをして中火にかける。

2 沸騰したら弱火にし、小玉ねぎに火が入ったら紙ブタを取る（弱火で約10分）。
　⚠ 小玉ねぎの質によって水分が沢山出る場合は、火が入りすぎてしまうので少し煮汁を捨てます。

3 さらに水分が飛んで煮汁の泡が重たくなり、テリと艶が出るまで煮る。

《ベーコン》

4 フライパンにオリーブオイルを入れて熱し、ベーコンに全体的に色がつくまで中火で炒める。こし器にあけて油をきる。盛り付けまで保温しておく。
　⚠ カリッとした歯ざわりが楽しめるくらいまで炒めます。フライパンはそのままシャンピニオンのソテーに使います。

《シャンピニオン》

5 フライパンにシャンピニオンを入れ、シャンピニオンに油が吸収されたらバター、オリーブオイルを加え、中火で炒める。

6 途中、塩、こしょうをして、シャンピニオンが全体に少し縮む程度までソテーする。こし器にあけて汁気をきり、盛り付けまで保温しておく。

ソースを作る。

1 手鍋にオリーブオイルを入れて熱し、エシャロット、セロリ、にんじんを加え軽く色がつくまでこまめに混ぜながら弱火で炒める。
　⚠ ここであまり火を通しすぎてしまうと、えぐみが出てしまいます。また、オリーブオイルを入れすぎるとソースが油っぽくなってしまうので注意してください。

2 イタリアンパセリを加え、軽く炒める。
　⚠ ここではイタリアンパセリの葉だけを使用しますが、茎も入れる場合は1の段階で加えます。

3 赤ワイン、タイム、ローリエ、こしょうを加え、約半量になるまでゆっくり煮詰める。

4 ドゥミグラスを加え、さらに30分ほど煮詰める。

5 こし器でこす。こし器に残った野菜はスプーンやゴムべらで軽く押さえる程度にする。
　⚠ つぶしてしまうと野菜の甘みが出すぎてしまうので注意してください。

Cuisine régionale

Œuf en meurette à la bourguignonne
★★☆☆

6 ルーを少しずつ加え、塩で味を調える。

7 チョコレートを加え、鍋を揺するようにして溶かす。溶けたところで火を止めてホイッパーで混ぜる。

8 最後にバターを加え、鍋を揺するようにして合わせる。アクが出てきたら取り除く。
　⚠ 分離するので決して沸騰させません。

ポーチドエッグを作る。

1 手鍋に赤ワインを入れ、80〜85℃まで加熱する。
　⚠ 決して沸騰はさせません。
　⚠ ワインが苦手な方は、お湯400g、赤ワインヴィネガー40g、赤ワイン100gで同様に茹でてもよいです。

2 卵をボウルに割り入れ、1の鍋にゆっくりと加え、3分茹でる。

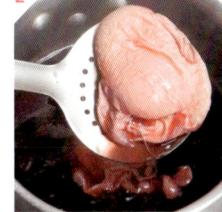

3 乾いたタオルを敷いたバットの上に上下を返してのせ、乾かないようにアルミホイルをかぶせておく。

盛り付ける。

1 深さのある器の中央に**ポーチドエッグ**を盛り、ソース40gを上からかける。

2 盛り付ける直前に小玉ねぎをほんのり色が付くまで火にかけ、鍋を揺すり、溶け出したバターを絡める。

3 **ガルニチュール**（小玉ねぎ3個、ベーコン10g、シャンピニオン25g）を散らす。

4 バゲットを厚さ1cmにスライスし、バターを両面に薄くぬり、表面が乾く程度に200℃のオーブンで約2分30秒焼く。別皿で添える。

ワイン
ブルゴーニュの赤ワインと合わせるといいでしょう。

Bœuf bourguignon, tagliatelles au beurre

ブルゴーニュ風　牛肉の赤ワイン煮　タグリアテル添え

皆が大好きなフランス、ブルゴーニュ地方のビーフシチューです。たくさん作った方がおいしく出来ます。
付け合わせにはタグリアテルだけでなく、じゃがいものピュレなどを合わせてもおいしいです。

8人分
難易度　★★☆☆

Cuisine régionale

Bœuf bourguignon, tagliatelles au beurre
★★☆☆

ingrédients

牛肉の赤ワイン煮　24cm両手鍋使用

- 1.26kg　牛肩ロース肉※1
- 165g　にんじん
- 100g　玉ねぎ
- 18g　にんにく
- 25g　セロリ
- 10g　粗塩
- 4g　粒黒こしょう
- 1束　ブーケガルニ
  - タイム…2本
  - ローリエ…1/2枚
  - イタリアンパセリ…3本
- 750g　赤ワイン（ブルゴーニュ）※2
- 30g　オリーブオイル
- 35g　強力粉
- 全量　漬け込みのマリネ液
- 450g　ドゥミグラス（⇒P213）※3
- 適量　塩
- 40g　赤ワイン（ブルゴーニュ）

ガルニチュール　15cm手鍋、18cmフライパン使用

《小玉ねぎ》
- 25個　小玉ねぎ（パールオニオン）
- 105g　水
- 20g　バター
- 6g　グラニュー糖
- 0.8g　塩
- 16挽　白こしょう

《ベーコン》
- 5g　オリーブオイル
- 150g　ベーコン

《シャンピニオン》
- 15g　バター
- 20g　オリーブオイル
- 165g　シャンピニオン
- 1.4g　塩
- 適量　白こしょう

タグリアテル

- 3ℓ　水
- 45g　粗塩
- 400g　生パスタ（タリアテッレ）
- 64g　バター
- 2g　オリーブオイル
- 1.4g　塩
- 適量　白こしょう

盛り付け

- 6g　イタリアンパセリ

---

notes

※1　市販の生パスタ（タリアテッレ）を使っています。もし時間があれば手打ち麺を自分で作ってみるのもお薦めです（⇒P203）。
※2　ブルゴーニュのワインを使います。講習会ではラドワを使いました。
※3　十分にコクのあるドゥミグラスを使います。

préparation

前々日

(1) 材料を切る。
　　牛肉 ⇒ 1切れ70gに切る。
　　にんじん、玉ねぎ、セロリ ⇒ 2cm角に切る。
　　にんにく ⇒ 1cm角に切る。

(2) 漬け込みをする。容器に肉をぴっちりと入れ、切った野菜を全体に平均に散りばめる。粗塩、茶袋に入れたこしょう、ブーケガルニ、赤ワインを入れて香りをつけ、オリーブオイルを加える。ぴったりラップをして肉と野菜をしっかり漬ける。1日ごとによく混ぜ、48時間マリネする。

当日

(1) 材料を切る。
　　ガルニチュール
　　ベーコン ⇒ 1cm角、長さ4cmの棒状に切る。
　　シャンピニオン ⇒ 縦8つに切る。

(2) 漬け込んでおいた牛肉と野菜をこし器にあけ、肉と野菜、マリネ液と分けておく。牛肉はキッチンペーパーで水けをよく拭き取る。

recette

牛肉の赤ワイン煮を作る。

1　フライパンにオリーブオイル15gを入れて熱し、肉の表面に色がつくほどに焼く。網の上に重ならないように取り出し、余分な油をおとす。

2　フライパンに残った油は捨て、漬け込みのマリネ液でデグラッセする。
　※ デグラッセした汁は煮込みの時に加えます。

3　鍋にオリーブオイル15gを入れて熱し、汁を切っておいた漬け込み野菜を炒める。野菜に色がついてきたら、1を加え炒める。

4　強力粉を茶こしでふりかけ、木べらで全体を丁寧に混ぜる。鍋底に粉がこびりつくので木べらではがすように混ぜながら炒める。
　※ 鍋底の粉が焦げ付かないように弱火で炒めます。

5　強力粉が全体にいきわたったら、2のマリネ液を加えてデグラッセする。ブーケガルニとこしょうも加える。

Cuisine régionale

**Bœuf bourguignon,
tagliatelles au beurre**
★★☆☆

6 軽く沸騰したらドゥミグラスを加える。味をみて塩をする。

7 火にかけて沸騰したらアルミホイルをかけて隙間がないようフタをし、170℃のオーブンで1時間15分～1時間30分煮る。
　△20分おきに中の状態を見ます。スプーンで上下を混ぜ、刷毛で鍋の内側をきれいにします。

8 肉が十分に柔らかくなったところでオーブンから出し、肉とソースに分ける。ソースはこし器でこし、野菜は押さないようにしてよくこします。
　△つぶしてしまうと野菜の甘みが出すぎてしまうので注意してください。

9 鍋にソースを戻し、味をみて塩をする。

10 最後にブルゴーニュの赤ワインを加え、味と香りを高める。

ガルニチュールを作る。
《小玉ねぎ》
1 小玉ねぎのグラッセを作る (⇒P 155)。
　△ここでは沸騰したら弱火にして、ほぼ水けがなくなるまで約25分煮ます。

《ベーコン》
2 フライパンにオリーブオイルを入れて熱し、ベーコンに全体的に色がつくまで中火で炒める。こし器にあけて油をきる。盛り付けまで保温しておく。

《シャンピニオン》
3 フライパンにオリーブオイルを入れて熱し、シャンピニオンとバターを同時に加え、表面に色が付き、少ししんなりとするくらいまで木べらで炒める。塩、こしょうで味を調える。

タグリアテルを作る。
1 水を沸騰させて粗塩を入れ、生パスタを茹でる。茹で汁をきり、ボウルに移す。バター、オリーブオイルを加えて全体に絡め、塩、こしょうをふる。

盛り付ける。
1 温めておいた器に牛肉を2～3切れのせ、ソース40gを肉の上にかける。

2 **タグリアテル**を65g盛り付け、**ガルニチュール**の小玉ねぎを3個、ベーコンを10g（4切れ）、シャンピニオンを5切れ、イタリアンパセリのみじん切りを散らす。

ワイン
郷土料理はやはりその土地のワインと合わせるのがお薦めです。ブルゴーニュの赤ワインとぜひ合わせて下さい。

保存は冷蔵庫で4～5日間。

Potée auvergnate
オーヴェルニュ風　ポテ

Cuisine régionale

Potée auvergnate
★★☆☆

ポテもポトフと同様、昔からある煮込み料理です。
ポトフが牛や豚などの肉を入れるのに対し、ポテはシャルキュトゥリー（ベーコンやソーセージなどの豚肉加工品）が入るのが特徴です。オーヴェルニュ地方は特においしいシャルキュトゥリーがある土地です。
食べる時はお好みでマスタードやバゲット、パン・ドゥ・カンパーニュなどを添えてもよいでしょう。

6人分
難易度　★★☆☆

ingrédients

ポテ　28cm両手鍋使用

650g	塩漬け豚（→下記）
250g	ベーコン
2.6ℓ	フォン・ドゥ・ヴォライユ（⇒P210）
60g	にんじんA
45g	玉ねぎ
1束	ブーケガルニ
	タイム…2本
	ローリエ…1/2枚
	イタリアンパセリ…3本
小さじ1/2	粒黒こしょう
小さじ1/2	コリアンダーシード
2個	クローヴ
適量	塩
250g	下茹でした白いんげん豆（→右記）
400g	キャベツ
350g	にんじんB
180g	かぶ
130g	セロリ
20g	にんにく
180g	ホワイトソーセージ[※1]
125g	スモークソーセージ[※1]

塩漬け豚

650g	豚肩ロース肉
1kg	水
34g	塩
10g	グラニュー糖
適量	ローリエ
2本	タイム
3片	にんにく
15g	ジュニパーベリー[※2]
15g	粒黒こしょう
1個	クローヴ

白いんげん豆の下茹で

250g	白いんげん豆
1250g	水
25g	玉ねぎ
1/2個	クローヴ
適量	塩

notes
※1　ソーセージは食感が柔らかいミュンヘナータイプのホワイトソーセージと、スモークタイプの2種類を使うことで香りもよく、味や食感も楽しいものになります。
※2　ヨーロッパ原産のネズの実のこと。肉料理やザワークラウトなどに使われます。

ワイン
同じ土地のワインと合わせるなら、オーヴェルニュ地方にはサン・プーサンというワインがあります。

保存は冷蔵庫で4～5日間。

préparation

前々日〜前日

(1) 塩漬け豚を作る。分量の水の中から250gを少し温め、塩とグラニュー糖を入れて溶かす。残りの冷たい750gの水と混ぜ、完全に冷えてから肉と残りの材料を入れる。最低24時間漬け、肉を液体から取り出し、密閉容器に入れて冷蔵庫で24時間熟成させる。

(2) 白いんげん豆は5倍の水に24時間浸けておく。

当日

(1) 材料を切る。
　にんじんA ⇒ 長さ6cm、縦4つに切る。
　玉ねぎ ⇒ 縦1/6のくし切り。
　塩漬け豚 ⇒ タコ糸で縛る。
　キャベツ ⇒ 縦6つに切る。
　にんじんB ⇒ 厚さ1.5〜2cmの斜め切り。
　かぶ ⇒ 縦2つに切る。
　セロリ ⇒ 葉を取り、タコ糸で1つにまとめる。

(2) 24時間浸けておいた白いんげん豆にクローヴを刺した玉ねぎを加え、火にかける。沸騰したら弱火にして45分〜1時間煮る。柔らかく煮えたら塩を加える。こし器にあけ、豆と煮汁に分ける。
　※ 塩は最初から入れると豆が固く煮あがってしまうので、後から加えます。

(3) ホワイトソーセージは竹串で数ヵ所刺しておく。

recette

ポテを作る。

1 鍋にフォン・ドゥ・ヴォライユ、塩漬け肉、ベーコンを入れる。にんじんAと玉ねぎ、ブーケガルニ、茶袋に入れたこしょう、コリアンダーシード、クローヴも加え、火にかける。沸騰したら弱火にし、1時間煮る。にんじんAと玉ねぎは取り出す。

2 キャベツ、にんじんB、かぶ、セロリ、にんにく、ホワイトソーセージを加え、40分煮る。ホワイトソーセージをバットの上に取り出し、乾かないようにラップをぴったりと貼っておく。
　※ ここで味見をして薄かったら適量の塩を加えます。

3 スモークソーセージと下茹でした白いんげん豆を加え、さらに30〜40分煮る。

4 全ての材料が煮あがったら、取り出していたホワイトソーセージも鍋に戻して温める。

盛り付ける。

1 豚肉、ベーコンを取り出して切り分ける。次に野菜を取り出して切り分ける。

2 野菜を皿に盛り、肉類、白いんげん豆を盛り付ける。上から煮汁を少し注ぐ。

Mouclade à la provençale

ムール貝のプロヴァンス風

ブルターニュ地方のムール・マリニエールが一般的に知られていますが、フランスには他にも地域ごとに様々なムール貝の料理があります。ベルギーではココット鍋で調理されたムール貝にカリッと揚がったフライドポテトの付け合わせが有名です。ノルマンディー地方では生クリームを使ってソースを作ります。

今回は少し定番から離れ、オリーブオイル、トマト、ニンニク、ハーブを使ってプロヴァンスのムール貝にしました。非常に軽い1品だと思います。

Mouclade à la provençale

4人分
難易度 ★☆☆☆

ムール貝のプロヴァンス風

ingrédients

ムール貝　26cm浅鍋使用

40g	オリーブオイル
35g	エシャロット
13g	にんにく
20g	フヌイユ
50g	シャンピニオン
1.4kg	ムール貝
175g	白ワイン（辛口）
160g	トマト
15g	トマトペースト
適量	サフランパウダー
	（クトーの先5mmを1回）
2g	塩
適量	白こしょう
1.5g	セルフィーユ
50g	クレーム・ドゥーブル
1束	ブーケガルニ
	タイム…0.8g
	ローリエ…1/2枚
	イタリアンパセリ…4g
2むき	オレンジの皮
15g	キルシュ
3.5g	バジル

préparation

（1）材料を切る。

ムール貝

エシャロット、フヌイユ、シャンピニオン ⇒ 7〜8mm角に切る。
にんにく ⇒ 5mm角に切る。
トマト ⇒ 湯むき（⇒P221）して種を取り、1cm角に切る。
セルフィーユ ⇒ 2〜3mm角のみじん切り。
オレンジの皮 ⇒ 2枚を糸で縛る。
バジル ⇒ みじん切り。

ワイン
夏に少し冷やしたプロヴァンスのロゼを飲みながら食べるのがお勧めです。

recette

1 鍋にオリーブオイルを入れて熱し、エシャロット、にんにく、フヌイユを加え、軽く色がつき、香りが出るまで炒める。

2 シャンピニオンを加えて炒める。自然に水分を出すためフタをして蒸し煮にする。

3 ムール貝を加えて炒め、さらに白ワイン、トマト、トマトペースト、サフランパウダー、塩、こしょう、セルフィーユ、クレーム・ドゥーブル、ブーケガルニ、オレンジの皮、キルシュを加える。

4 フタをし、強火でムール貝の口が開くまで3〜4分程度煮る。バジルを加えて軽く混ぜる。
⚠ 煮る時間は量によって変わります。

Paella

パエラ

私なりのパエラです。魚介類に鳥の胸肉を合わせ、フォン（だし汁）にも鶏のフォンと魚のフォンの2種類を使いました。米に様々な味が染みこんでいます。大人数で和気あいあい食べられる1品です。

Paella

パエラ

6人分
難易度 ★★☆☆

ingrédients

パエラ
24cmフライパン、直径30cm×高さ4.5cmパエラ鍋使用[※1]

A:
- 40g オリーブオイル
- 400g 鶏むね肉（若鶏）
- 5g にんにく
- 20g エシャロット
- 50g 白ワイン（辛口）
- 250g フォン・ドゥ・ヴォライユ（⇒P210）
- 1束 ブーケガルニ
  - タイム…2本
  - ローリエ…1/2枚
  - イタリアンパセリ…3本

B:
- 50g 玉ねぎ
- 80g 緑パプリカ
- 50g にんにく

- 200g タイ米
- 70g グリンピース
- 250g フュメ・ドゥ・ポワソン（⇒P210）
- 2つまみ 塩
- 適量 白こしょう
- 適量 サフランパウダー（クトーの先1cmを3回）
- 適量 カイエンヌペッパー（クトーの先5mmを2回）
- 80g トマト水煮（缶詰）
- 10g トマトペースト
- 6尾 有頭エビ
- 6個 ムール貝
- 120g いか
- 30g チョリソーソーセージ

préparation

(1) 材料を切る。
　鶏肉 ⇒一口大に切る。
　いか ⇒輪切り。
　にんにく、エシャロット ⇒みじん切り。
　玉ねぎ、パプリカ ⇒7mm角に切る。
　トマト水煮 ⇒1cm角に切る。
　チョリソーソーセージ ⇒厚さ2〜3mm、半月切りにする。

(2) フライパンにオリーブオイル（分量外）を入れて熱し、エビを殻付きのまま表面だけサッと強火で炒める。

notes

※1　今回はパエラ鍋を使いましたが、家庭で作る場合はオーブン対応の浅鍋などで代用できます。

Cuisine régionale

Paella
★★☆☆

recette

1. フライパンにオリーブオイル10gを入れて熱し、鶏肉を入れて焼き色をつける。一旦取り出す。

2. フライパンにオリーブオイル10g、Aのにんにくとエシャロットを加えて炒める。1の鶏肉を加え、白ワインでデグラッセする。

3. フォン・ドゥ・ヴォライユ、ブーケガルニを入れフタをして15分煮る。

4. パエラ鍋にオリーブオイル20gを入れて熱し、Bを加えて炒める。

5. 米を入れてさらに炒め、グリンピースを加える。

6. 3のフライパンから鶏肉を取り出し、こさずに煮汁の重さを量る（煮汁が250gに足りなければ、分量外のフォン・ドゥ・ヴォライユを加える）。フュメ・ドゥ・ポワソン250gを足して煮汁の量を500gにする。

7. 5に6の煮汁を入れ、塩、こしょう、サフランパウダー、カイエンヌペッパー、3の鶏肉、トマト水煮、トマトペーストを入れ、アルミホイルでフタをする。

8. 180℃のオーブンで15分煮たらアルミホイルを外し、炒めておいたエビ、ムール貝、いかを加える。再びオーブンに5分入れる。チョリソーを散らし、さらに5分オーブンに入れる。

ワイン
パエラはスペイン料理なので、スペインと国境を接するバスク地方のワイン「イルレギ」などと合わせるのもいいでしょう。

Tomates farcies,
risotte aux petits pois et olives

トマトのファルスィ　グリンピースとオリーブのリゾット添え

野菜に詰め物をするファルスィは、南仏プロヴァンス地方のスペシャリテ。
パプリカやズッキーニなど、様々な野菜のファルスィがありますが、
トマトのファルスィは今やフランス全土でポピュラーなお惣菜の一つです。
ファルスは前日に作って休ませた方がハーブの味がなじみやすく、よりおいしくなります。
付け合わせのリゾットをつけると立派なランチやディナーの一皿になります。

4人分
難易度　★★★☆

ingrédients

Cuisine régionale

Tomates farcies, risotte aux petits pois et olives

★★★☆

トマトのファルスィ
《肉茹で用ブイヨン》
- 2ℓ　水
- 20g　粗塩
- 140g　にんじん
- 125g　玉ねぎ
- 100g　セロリ

《デュクセル》※1　15cm手鍋使用
- 13g　オリーブオイル
- 14g　エシャロット
- 6g　にんにく
- 80g　シャンピニオン
- 20g　白ワイン（辛口）
- 適量　黒こしょう
- 適量　塩

《ファルス》※2
- 257g　豚肩ロース肉
- 100g　牛赤身肉（サーロイン）
- 64g　豚の脂
- 24g　卵白
- 0.4g　クミンパウダー
- 6.4g　イタリアンパセリ
- 5g　塩（肉用）
- 適量　白こしょう
- 全量　デュクセル（→上記）

《組み立て》
- 4個　トマト（1個200gくらいのもの）
- 460g　ファルス（→上記）
- 適量　トマトの種をこした汁
- 適量　塩
- 適量　黒こしょう
- 適量　オリーブオイル

リゾット（1皿115g使用）　15cm手鍋使用
《グリンピース煮》
- 4g　オリーブオイル
- 18g　玉ねぎ
- 100g　グリンピース
- 20g　野菜のブイヨン（→後記）
- 10g　バター
- 1g　塩
- 適量　白こしょう
- 4g　グラニュー糖

《リゾット》
- 24g　オリーブオイル
- 24g　玉ねぎ
- 200g　イタリア米（カロータ）
- 60g　白ワイン（辛口）
- 約0.6ℓ　野菜のブイヨン（→後記）
- 2.1g　塩
- 適量　白こしょう
- 32g　バター
- 124g　グリンピース煮（→上記）
- 44g　オリーブ（ブラック）
- 16g　パルメザンチーズのすりおろし

野菜のブイヨン
- 3ℓ　水
- 30g　粗塩
- 30粒　粒黒こしょう
- 500g　にんじん
- 300g　ポロねぎ
- 150g　玉ねぎ
- 100g　セロリ
- 20g　にんにく
- 140g　かぶ
- 1束　ブーケガルニ
    - タイム…2本
    - ローリエ…1/2枚
    - イタリアンパセリ…3本

さやえんどうのガルニチュール（1皿20g使用）　15cm手鍋使用
- 2g　オリーブオイル
- 100g　さやえんどう
- 1.5g　塩
- 適量　白こしょう
- 25g　野菜のブイヨン（→上記）

盛り付け
- 4枚　バジルの葉

---

notes

※1　デュクセルとはシャンピニオンに玉ねぎとエシャロットのみじん切りを加えてバターで炒め、水分を飛ばしたもの。ファルス、ソース、その他の料理の味わいを高めるために使います。

※2　ファルスの肉は合いびき肉を同量で使ってもよいです。

préparation

前日

(1) 肉茹で用ブイヨンの玉ねぎは1〜2cm角、にんじんとセロリは1cm角に切る。

(2) ファルスに使う牛赤身肉はタコ糸で縛る。

(3) 鍋に肉茹で用ブイヨンの材料と牛肉を入れ、ごく軽くフツフツした状態で30分茹でる。ブイヨンに浸けたまま肉を冷ます。

(4) 材料を切る。

トマトのファルスィ

シャンピニオン、にんにく ⇒みじん切り。
エシャロット ⇒細かいみじん切り。
豚肉、牛肉、豚の脂 ⇒2〜3cmくらいに切る(ミンサーにかけられる大きさ)。
イタリアンパセリ ⇒みじん切り。

当日

(1) トマトの処理をする。エコノムを使ってトマトのヘタを取り除く。上から1/4のところから中心に向かってプティクトーの刃を約45度斜めに入れてくり抜く。くり抜いた部分がフタとなる。残った土台の方は種を取り出し、余分な水分を取り除く。トマトの種はこしておく。

(2) 材料を切る。

野菜のブイヨン

にんじん、セロリ、にんにく、かぶ ⇒1cm角に切る。
ポロねぎ ⇒縦4つ、厚さ1cmに切る。
玉ねぎ ⇒1〜2cm角に切る。

リゾット

玉ねぎ ⇒みじん切り。
オリーブ ⇒種を抜き、6つに切る。

(3) 野菜のブイヨンを作る。鍋に材料を入れ、フタをして弱火で軽くフツフツするくらいで40分〜1時間煮る。十分に野菜の味と香りを出し、こし器でこす。

こす時は自然に落ちたブイヨンだけを使います。決して押してこさないようにします。大体2.5kgとれます。冷凍庫で1ヵ月保存可能。

(4) 耐熱皿にオリーブオイルを刷毛で薄く塗り、220℃のオーブンで天板と一緒に温めておく。

Cuisine régionale

Tomates farcies, risotte aux petits pois et olives
★★★☆

recette

🔖 **前日**

トマトのファルスィを作る。
《デュクセル》

1. 手鍋にオリーブオイルを入れて熱し、エシャロットを炒める。少し透き通って、しんなりしてきたら、にんにくを加える。

2. うっすらと全体がキツネ色になったらシャンピニオンを加える。適量の塩、こしょうを加え、味を調えたら、さらに約2分炒める。
   ⚠️ 肉を加えてからまた味を調えるので、ここでは下味だけでよいです。

3. 白ワインを加え、フタをして約3分蒸し煮にする。

4. フタをあけ、様子をみて約2分ほど水分を少し飛ばすように炒める。

5. 全体がしんなりして香りが十分に出たら、ボウルにあけて冷ます。

《ファルス》

6. 5mm穴のミンサーに3種類の肉を交互にかけ、挽いた肉はよく冷やしておく。

7. 卵白の1/2量を加え、木べらで混ぜる。

8. デュクセルと残りの卵白を加えて混ぜ合わせる。

9. 大体混ざったら、イタリアンパセリ、塩5g、こしょう、クミンパウダーを加え、木べらでよく混ぜる。冷蔵庫で一晩休ませる。
   ⚠️ 混ぜるときに力を入れすぎると肉の粘りが出すぎて、味の混ざり過ぎそれぞれの味わいが感じられなくなります。

🔖 **当日**

トマトのファルスィを作る。
《組み立て》

1. トマトを耐熱皿に4つ並べる。トマトの上から塩少々、こしょうを3挽きずつする。

2. トマト1個につき、ファルスを約115gずつ丸めてトマトの中に詰め、トマトのヘタがついていた方を下にしてフタをのせる。

3. 2を器の上に並べる。トマトの種をこした汁に、塩、こしょうをして味を調えたものを器の周りに流し込む。

4. トマトの上に塩、こしょうをふりかけ、オリーブオイルをトマトのフタに軽くたらす。

5. 220℃のオーブンで33分焼く。
   ⚠️ 途中10分で一度オーブンから出し、トマトを潰さないようにアルミをかけます。

つづきます ➡️

リゾットを作る。

《グリンピース煮》

1 手鍋にオリーブオイルを入れて熱し、中火で玉ねぎを炒める。

2 玉ねぎが全体に透明になり、しんなりしてきたらグリンピース、野菜のブイヨン、バター、塩、こしょう、グラニュー糖を加え、フタをして弱火にかける。

3 たまにスプーンで混ぜながらフタをして火を通し、短時間で全体に硬めに煮えたところで火を止める。ここから124g使う。

《リゾット》

4 手鍋にオリーブオイルを熱し、玉ねぎを加え、木べらで混ぜながら中火で炒める。

5 玉ねぎが透明になったらイタリア米を加える。この時米に油を吸わせるように木べらでよく混ぜる。

6 米に油がいきわたったら、白ワインを一度に加える。白ワインが沸騰したら温かい野菜のブイヨンをレードルで1杯ずつ加える。米にブイヨンが吸収されたら次を加えていく。最後にこしょう、塩で味を調える。

※ ブイヨンは一度に加えると混ざりが悪いので、レードル1杯ずつ加え、木ベラでゆっくりと混ぜ、混ざったら次を加えていきます。

※ 米に味が染み込みように、ゆっくり時間をかけて混ぜながら、火を通します。

7 米に火が通ったら(ブイヨンを加えて沸騰してから15分)バターを加える。

8 バターが溶けて全体にいきわたったら、パルメザンチーズのすりおろし、オリーブ、グリンピース煮を加え、木べらで混ぜる。

さやえんどうのガルニチュールを作る。

1 手鍋にオリーブオイルを入れて熱し、さやえんどうを加える。途中混ぜながら塩、こしょうをして野菜のブイヨンを加える。

2 一度全体を混ぜ、再びフタをして中火で2分30秒〜3分煮る。さやえんどうに火が通ったら火を止める。

盛り付ける。

1 温めておいた器に、さやえんどうのガルニチュールを中央をあけて円形に盛り付ける。

2 中央にトマトのファルスィをのせる。

※ 温め直す場合は120℃のオーブンで温め直します。

3 トマトのファルスィの隣にリゾットを添え、バジルの葉を飾る。

Daube de bœuf à la provençale

プロヴァンス風　牛肉の蒸し煮

「ドーブ」とはフランス語で「長く煮る」こと。
白ワインでマリネした牛肉に豚ばら肉も加え、
プロヴァンス風なのでトマトやにんにく、オリーブが入ります。
漬け込みのマリネ液も加えて煮込みます。
ワインやトマトの酸味がさわやかな味わいです。

Daube de bœuf à la provençale

プロヴァンス風　牛肉の蒸し煮

8人分
難易度　★★☆☆

ingrédients

牛肉の蒸し煮　　24cm 両手鍋使用
1kg	牛もも肉
330g	白ワイン（辛口）
40g	コニャック
26g	オリーブオイル
1束	ブーケガルニ
	タイム…2本
	ローリエ…1/2枚
	パセリの茎…3本
	乾燥オレンジの皮[※1]…少々
9g	粗塩
13個	粒黒こしょう
13個	コリアンダーシード
200g	豚ばら肉
200g	にんじん
100g	玉ねぎ
230g	トマト水煮（缶詰）
130g	シャンピニオン
33個	オリーブ（ブラック）
3片	にんにく
700g	ドゥミグラス（⇒P213）
適量	粗塩

タグリアテル[※2]
3ℓ	水
45g	粗塩
400g	生パスタ（タリアテッレ）
64g	バター
2g	オリーブオイル
1.4g	塩
適量	白こしょう

盛り付け
適量	シブレット

notes
※1　オレンジの皮は表皮だけをむきます。白いワタの部分がついていたら取り除き、3日間乾燥させたものを使います。
※2　市販の生パスタ（タリアテッレ）を使っています。もし時間があれば手打ち麺を自分で作ってみるのもお薦めです（⇒P203）。

préparation

（1）牛肉を1切れ80gに切り分ける。容器に白ワイン、コニャック、オリーブオイル、ブーケガルニ、粗塩、茶袋に入れたこしょうとコリアンダーを合わせて3時間漬け込む。

（2）材料を切る。
牛肉の蒸し煮
　豚ばら肉 ⇒1.3cm角、長さ4cm長の棒状に切る。
　にんじん ⇒皮をむき、厚さ7mmの斜め切り。
　玉ねぎ、シャンピニオン、トマト水煮 ⇒1cm角に切る。
　にんにく ⇒潰す。

盛り付け
　シブレット ⇒小口から2〜3mmに切る。

（3）漬け込んでおいた牛肉をこし器にあけ、肉とマリネ液に分けておく。肉はキッチンペーパーで水けをよく拭き取る。

🍷 ワイン
プロヴァンスの土地のワインと合わせてもよいでしょう。

保存は冷蔵庫で4〜5日間。

Cuisine régionale

Daube de bœuf à la provençale
★★☆☆

recette

牛肉の蒸し煮を作る。

1 厚手の鍋に漬け込みした牛肉、豚肉、にんじん、玉ねぎ、トマト水煮、シャンピニオン、オリーブ、にんにくの順に2回に分けて並べる。ブーケガルニ、こしょうとコリアンダーシードの入った茶袋は鍋の中央におく。

2 全ての材料を浸すようにマリネ液を入れ、沸騰したらドゥミグラスを注ぎ、粗塩を加える。
   ※ 全てを入れ終わった時に、鍋のふちから約1cm下まで素材がくるのが理想です。

3 火にかけて沸騰したらフタをして180～200℃のオーブンで2時間～2時間30分煮る。

4 肉が柔らかくなったらブーケガルニ、こしょうとコリアンダーシードの入った茶袋を取り出す。

5 小さなレードルで煮汁のアクと脂を取り除く。

タグリアテルを作る。

1 水を沸騰させて粗塩を入れ、生パスタを茹でる。こし器にあけて茹で汁をきり、ボウルに移す。バター、オリーブオイルを加えて全体に絡め、塩、こしょうをふる。

盛り付ける。

1 温めておいた器に**牛肉の蒸し煮**を盛り付け、**タグリアテル**を添え、シブレットを散らす。

手作りパスタ「ヌイユ」の作り方

もし時間があれば、ぜひ手打ちパスタにもチャレンジしてみてください。イル・プルー・シュル・ラ・セーヌの教室で教えているものです。茹でる時のお湯の塩の量が大切です。塩が足りないと柔らかすぎる食感になります。茹でたらすぐに頂きます。

ヌイユ
200g	強力粉
4g	塩
116g	全卵
32g	卵黄
20g	オリーブオイル

ヌイユを茹でるお湯
3ℓ	お湯
30g	塩

仕上げ
適量	オリーブオイル

préparation

(1) のし台やめん棒は氷を入れたバットやビニール袋をのせてよく冷やす。

recette

1 ボウルに強力粉、塩、全卵と卵黄を合わせた卵液を入れ、手でよく練る。滑らかになったらオリーブオイルを加えてさらに練る。

2 のし台に**1**をおき、手粉（分量外）を適宜ふり、めん棒でごく薄くのす。たたんで幅5mmくらいに切る。

3 塩を入れたお湯が沸騰したら、**2**をほぐしながら入れ、柔らかくなるまで4～5分茹でる。茹で汁をきり、オリーブオイルをふる。

Cassoulet toulousain
トゥールーズ風 カスレ

6人分
難易度 ★★★☆

カスレはフランス南西部、ミディ・ピレネーやラングドック地方では冬に欠かせない郷土料理です。特にトゥールーズ、カルカッソンヌ、カステルノダリのものが有名で、各地域では昔ながらのカスレが守られています。白いんげん豆は必ず入りますが、その他の具材は地域により異なります。

トゥールーズ風のカスレには、羊肉、鴨のコンフィ、香辛料のきいたソーシス・ドゥ・トゥールーズ（トゥールーズ風ソーセージ）が入るのが定番です。

Cuisine régionale

Cassoulet toulousain
★★★☆

ingrédients

仔羊の煮込み 21cm 両手鍋使用

650g	骨抜きをした仔羊の肩肉（もも肉でも可）
2g	塩
適量	黒こしょう
45g	オリーブオイル
50g	玉ねぎ
20g	にんにく
50g	白ワイン（辛口）
500g	エストファッドゥ（⇒P214）
1束	ブーケガルニ
	タイム…2本
	ローリエ…1/2枚
	イタリアンパセリ…3本
50g	トマト水煮（缶詰）
25g	トマトペースト

鴨のコンフィ 20cm 片手鍋使用

2本	鴨もも肉
42g	粗塩
2kg	ガチョウの脂
20個	粒黒こしょう
20個	コリアンダーシード
3個	クローヴ
1枚	ローリエ
2本	タイム

白いんげん豆煮 21cm 寸胴鍋使用

350g	白いんげん豆[※1]
1750g	水
53g	にんじん
70g	玉ねぎ
2個	クローヴ
1束	ブーケガルニ
	タイム…2本
	ローリエ…1/2枚
	イタリアンパセリ…3本
6g	塩
7個	粒黒こしょう

組み立て

全量	仔羊の煮込み
4本	ホワイトソーセージ[※2]
2本	鴨のコンフィ
適量	鴨のコンフィの脂
全量	白いんげん豆煮
適量	パン粉

盛り付け

適量	マスタード

préparation

前々日〜前日

(1) 白いんげん豆は5倍の水に24時間浸けておく。

(2) 鴨肉は塩が十分にしみ込むよう、全体に粗塩をこすりつけ、ラップをして24時間冷蔵庫に入れておく。

当日

(1) 材料を切る。

仔羊の煮込み

<u>仔羊の肩肉</u> ⇒1切れ80gに切り分ける。
<u>玉ねぎ、にんにく、トマト水煮</u> ⇒1cm角に切る。

白いんげん豆煮

<u>にんじん</u> ⇒厚さ1cmのいちょう切り。
<u>玉ねぎ</u> ⇒4つに切ってクローヴを刺す。

---

notes

※1 カスレに使う白いんげん豆は、ランゴ種を使っています。ソワッソンやタルブ産のものもよくカスレに使われます。
※2 ここではホワイトソーセージを使いましたが、より本格的にするなら、トゥールーズ風ソーセージ（⇒P207）を参考にして下さい。

🍷 **ワイン**
同じフランス南西地方カオールのワインと合わせるのもよいでしょう。

保存は冷蔵庫で4〜5日間。

recette

仔羊の煮込みを作る。

1 仔羊肉に塩、こしょうをし、フライパンにオリーブオイル15gを入れて熱し、仔羊肉に焼き色をつける。網の上にあけて油をきる。

2 鍋にオリーブオイル30gを入れて熱し、玉ねぎを加え、フタをして蒸し煮にする。しんなりしたらにんにくを加え、軽く焼き色をつける。

3 2に1の仔羊肉を入れ、白ワインを加えて軽く沸騰させて酸味を飛ばす。

4 1のフライパンにエストファッドゥを少量入れてデグラッセし、3の鍋に加える。残りのエストファッドゥも加える。

5 鍋の中央にブーケガルニ、トマトの水煮、トマトペーストを加える。

6 沸騰したらフタをして170℃のオーブンで20～30分煮る。肉にナイフがスッと入るくらいの柔らかさが目安。

鴨のコンフィを作る。

1 24時間冷蔵庫に入れておいた鴨肉を清潔なサラシ布で拭く。
　余分な塩、血を取るためにサラシ布で拭きます。

2 鍋にガチョウの脂を煮溶かし、こしょう、コリアンダーシード、クローヴ、ローリエ、タイムを入れ、鴨肉を入れてごく弱火で脂が沸騰しないように気をつけながら加熱する。1時間経ったらひっくり返す。

3 160℃のオーブンで約1時間30分、骨がすっと外れるくらいまで加熱する。

4 3等分に切る。
　脂もとっておきます。

Cuisine régionale

Cassoulet toulousain
★★★☆

白いんげん豆煮を作る。

1 24時間浸けておいた白いんげん豆に、にんじん、クローヴを刺した玉ねぎ、ブーケガルニ、こしょうを加える。

2 紙ブタをして、弱火で静かに軽く沸騰しているくらいの火加減で煮る。豆が柔らかくなったら、塩を加える。
　△ 豆によって煮得るまでの時間は変わります。柔らかくなるまで十分に煮ます。

組み立てる。

1 ホワイトソーセージは半分に切ってフライパンでソテーする。

2 耐熱性の器に**仔羊の煮込み**、**鴨のコンフィ**、**白いんげん豆煮**、1のソーセージを入れる。

3 2に仔羊の煮込みの汁を乾燥しない程度の量（レードル2杯程度）かけ、乾燥したパン粉をふりかける。
　△ 少し煮詰まって煮汁が濃い場合は、白いんげん豆の煮汁を加えて調節します。

4 上から鴨のコンフィの脂をスプーン2～3杯程度注ぎ、170℃のオーブンで30分煮る。

盛り付ける。

1 器に盛り付け、マスタードを添える。
　△ このフランス南西部の料理にはマスタードが良く合います。

トゥールーズのソーセージ

材料

◎野菜のブイヨン
水…2ℓ／玉ねぎ（1～2cm角）…70g／セロリ（厚さ3mmの斜め切り）…25g／ブーケガルニ（タイム、ローリエ、イタリアンパセリ）…1束／粗塩…12g／黒こしょう…5g

◎ファルス
豚赤身肉（脂身の少ないもの・1cmの棒状に切る）…750g／豚の脂（1cmの棒状に切る）…250g／塩…12g／ローズセル…6g／白こしょう…2g／ナツメグ…1g／羊の腸…60cm程度

作り方

1 野菜のブイヨンは材料を全て入れ、15分煮出す。

2 豚の赤身は直径10mm、脂身は直径5mmでミンサーにかける。

3 材料のそれぞれを潰さないように肉と調味料を静かに混ぜる。

4 2のファルスを腸（よく洗ってから塩をし、更に水で塩を洗い流します。）に詰める。ソーセージは竹串で数ヵ所ピケする。

5 野菜のブイヨンの中でソーセージを85℃に保って30分茹でる。茹であがったら火を止め、茹で汁に入れたまま冷やす。長さ3cmに切り、少量のガチョウの脂を入れたフライパンで全体に焼き色がつき、カリカリするくらいに焼く。

Rubriques 7

ドゥニさんの食の履歴書…3
菓子だけでなく料理を学んで得た"味覚"

　私は他の店の職人たちと交流したり、セミナーに参加したり、職人たちの会合に出席したりはしましたが、パティスリーでは「ミエ」以外の店で働いたことはありません。

　パティスィエのCAPを取ってから1～2年後に、私は料理の勉強を始めました。そしてアラン・サンドランス氏の「アルケストラート」、ロベール・モナスィエ氏の「ラ・ブルゴーニュ」というレストランで働きながら料理を学びました。

　ちなみにアルケストラートとは古代の料理人の名前で、古代に初めて料理の本を書いた人物です。「料理の哲学者」の異名を持つサンドランス氏はいつも古い書物からルセットゥを見つけ出しては研究していたので、こういった人物の名前を店名にしたのでしょう。そしてサンドランス氏の料理は創造的で古代の料理にインスピレーションを受け、それを彼なりに今風にアレンジしていました。当時流行の最先端であり、たくさんの顧客がいて、実にうまくいっていました。2つ星をあっという間に獲得し、1～2年後には3つ星になっていたと思います。

　私は1年間の兵役の期間、パリで料理人として徴兵され、下士官や将軍たちの料理を作っていました。兵役中はわりと自由な時間があったので、「アルケストラート」に通いました。

　対して「ラ・ブルゴーニュ」はブッフ・ブルギニョン、モリーユなど季節の素材を生かした伝統的なブルゴーニュ料理を作っていました。またモナスィエ氏がブルゴーニュにぶどう畑を持っていたので、素晴らしいカーヴ（ワインセラー）がありました。こちらも「アルケストラート」同様7区にあり、国会にも近かったため政治家がよく来ていました。確か2つ星だったと思います。多分1メニュー（コースメニュー）で当時8,000フラン（約16,000円）くらいはしたと思います。

　ちょうど料理のCAPを受ける準備をしていたので、ミエ氏が友人であるモナスィエ氏を紹介してくれ、「ミエ」の仕事が終わる夜の7時か8時頃から、「ラ・ブルゴーニュ」でディナータイムの仕事をしたり、定休日にランチタイムの勉強をさせてもらいました。

　サンドランス氏は30代半ば、モナスィエ氏は60代。世代も性格も味もインスピレーションも違いました。基本は同じですが2つのレストランでの料理の出し方はそれぞれ独特なものでした。全く違うタイプの料理を見ることが出来たのはよい勉強になりましたし、味覚を磨くのにも役立ちました。

　レストランで学んだ料理はパティスリーで作るトゥレトゥール（お惣菜）とは違うものです。パティスィエの仕事というのは「正確さ」が生命です。材料もきちんと量ります。

　一方料理は「味」の世界です。菓子職人が一度料理を学んでから菓子を作るようになると、味覚が著しく発達し、とても良い結果が得られるのです。

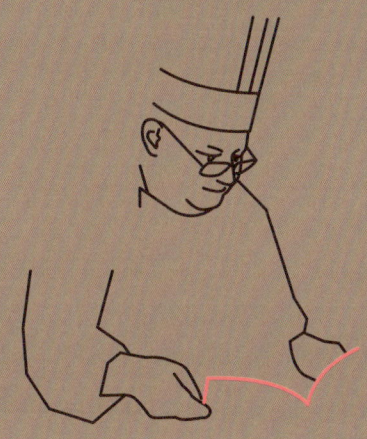

Supplément

Supplément

**Fonds
Préparatifs
Sauces
Pâtes
Ingrédients
Ustensiles**

ここでは日本でフランスと同じ味わいを作りだすため、イル・ブルー・シュル・ラ・セーヌが教室で教えているフォンやパートゥ、よく作るパーツ、素材や器具について紹介しています。

Fond de volaille

フォン・ドゥ・ヴォライユ

家禽のフォンは丸鶏、鶏の手羽先、仔牛の骨、オックステールなどを加えて作ります。味わいが軽く透明感があることが特徴です。フォンに使った肉は再利用できます。例えばオックステールはサラダに、すね肉などはひき肉にしてファルスィの材料に使えます。

ingrédients

2羽	丸鶏
1kg	鶏の手羽先
1.7kg	仔牛の骨[※1]
1kg	オックステール[※1]
1.7kg	牛すね肉
18ℓ	水
380g	にんじん
50g	エシャロット
250g	玉ねぎ
26g	にんにく
2個	クローヴ
200g	ポロねぎ
100g	セロリ
小さじ1/2	粒黒こしょう
小さじ1/2	コリアンダーシード
1束	ブーケガルニ
	┌ タイム…1本
	├ ローリエ…1/2本
	└ イタリアンパセリ…5本
54g	塩

notes
※1　本来は「仔牛の骨3.5kg、仔牛の足1本」が正式なルセットゥですが、仔牛の足は日本では入手が難しいため、オックステールで代用しています。仔牛の足が手に入る場合は、水から火にかけ、沸騰してから約10分茹で、冷水にとって汚れをとります。

用途　このフォンは家禽類を茹でる時や調理、ソースに使います。

保存法　1回に使う分量に分けて急速冷凍し、冷凍庫で約1ヵ月保存可能。冷蔵の場合は4℃以下で1週間保存可能。

préparation

(1) 野菜の皮をむき、よく洗う。にんじん、エシャロットは縦1/2に切る。

(2) 玉ねぎはクローヴを2個刺す。

(3) ポロねぎとセロリはそれぞれタコ糸で縛る。

(4) こしょうとコリアンダーシードはアクと一緒にすくわないように合わせて茶袋に入れる。

recette

1　寸胴鍋に丸鶏、鶏の手羽先、仔牛の骨、オックステール、牛すね肉、水を入れて火にかける。強火で沸騰させた後、常にアクをすくいながら30分～1時間、アクと脂が少なくなるまで煮る。
　フォンの取り始めは血合いなどのアクがよく出きるように少し強めの沸騰を続けます。

2　その他の材料をすべて加え、軽くフツフツするくらいの弱火で6時間煮込む。
　フォンを成功させる秘訣はアク抜きと浮き脂を取り除く作業を丹念に行うことです。決してグラグラ沸騰させてはいけません。

3　こし器でこし、氷水にあてて素早く冷ます。冷ます時も浮いてきた脂を取り除き、フォンの表面に脂の層を作らないようにする。

supplément

Fond de volaille

> 家庭用少量で作るフォン・ドゥ・ヴォライユ

本来長時間煮込みますが、教室では家庭で作りやすいように材料、時間を簡略化したルセットゥも紹介しています。「簡単」とはいえ本格的な味わいです。

ingrédients

550g	鶏ガラ
500g	鶏の手羽先
3.5ℓ	水
70g	にんじん
45g	エシャロット
60g	玉ねぎ
10g	にんにく
2個	クローヴ
40g	ポロねぎ
30g	セロリ
10個	粒黒こしょう
10個	コリアンダーシード
1束	ブーケガルニ
	┌ タイム…1本
	│ ローリエ…1/6枚
	└ イタリアンパセリ…3本
1個	固形ブイヨン

préparation

(1) にんじん、エシャロットは1.5cm角に切る。

(2) 玉ねぎはクローヴを2個刺す。

(3) ポロねぎとセロリはそれぞれタコ糸で縛る。

(4) こしょうとコリアンダーシードは合わせて茶袋に入れる。

recette

1　寸胴鍋に鶏ガラ、鶏の手羽先、水を入れて火にかける。沸騰したらアクを取りながら強火で5分煮る。

2　火を弱め、その他の材料をすべて加える。まめにアクと脂を取りながら軽くフツフツするくらいの弱火で1時間30分煮る。

3　こし器でこし、氷水にあてて素早く冷ます。冷ます時も浮いてきた脂を取り除き、フォンの表面に脂の層を作らないようにする。

Fumet de poisson

フュメ・ドゥ・ポワソン

フュメ・ドゥ・ポワソンは魚をベースにしたあらゆるソースの基本となります。魚は舌平目、ほうぼうなど数種類の魚を使います。またエビの殻と頭、ゼラチン質を多く含む魚の骨や頭などを加えることで、フュメの味わいが豊かになります。家庭でならこの分量の1/6で作ることも出来ます。その場合、魚は舌平目2尾とほうぼう1尾、エビの頭ぐらいが目安です。

ingrédients

4kg	魚（舌平目やカレイなど身の薄い魚やほうぼうなどの白身の魚）
1kg	エビの殻と頭
50g	澄ましバター（⇒P220）
200g	エシャロット
200g	紫玉ねぎ[※1]
300g	ポロねぎ（白い部分）
250g	シャンピニオン
150g	フヌイユ（株部分のみ）
1ℓ	白ワイン（辛口）
7.5ℓ	水
50g	粗塩
1束	ブーケガルニ
	├タイム…2本
	├ローリエ…1枚
	├イタリアンパセリ…15本
	└セルフィーユ…10本
小さじ1/2	粒黒こしょう
適量	塩、黒こしょう

notes
※1 紫玉ねぎは、玉ねぎで代用できます。

用途 ▸ 茹でる時、焼く時、ジュレを作る時など、いろいろな場面で使います。

保存法 (P210) 「フォン・ドゥ・ヴォライユ」と同じ。
⚠ フュメはとても繊細なので、冷蔵では短期間しか保存できません（4℃以下で、2～3日）。小さな密閉容器に小分けして冷凍保存し、必要に応じて使います。

缶詰を使う場合 ▸ ハインツのフュメ・ドゥ・ポワソン（缶詰）と水を1:1で合わせたもので代用できます。

préparation

(1) 魚は内臓を出して粗く切り、ていねいに洗ったら、すぐ水気をきる。

(2) 紫玉ねぎ、エシャロット、ポロねぎ、フヌイユは1.5cm角に切る。

(3) シャンピニオンは縦半分、厚さ2～3mmに切る。

(4) こしょうは茶袋に入れる。

recette

1 寸胴鍋に澄ましバターを溶かし、紫玉ねぎ、エシャロット、ポロねぎ、シャンピニオン、フヌイユを色がつかないようにじっくり炒める。しんなりしたら魚介類、白ワインを加える。ワインの酸味をとばすために、軽く沸騰した状態で5分煮続ける。

2 水、粗塩、ブーケガルニ、こしょうを加える。沸騰させてから30分～1時間、常にアクを取りながら弱火で煮る。

3 火を止める10分前に塩、こしょうを加える。濁らないようにアクと脂を取る。

4 フュメが濁らないようにこし器でこし、氷水にあてて素早く冷ます。
⚠ フュメは味を保つため、フォンと同様、急速に冷やさなければなりません。表面の油分をよく取り除くことも大変重要です。

Demi-glace

ドゥミグラス

ドゥミグラスはとても濃縮されたフォンで、少々酸味を出すために、エストファッドゥに白ワインを加え、さらに美しい琥珀色といい味を出すために赤ワインも加えます。濃縮度は料理によって異なります。白ワインと赤ワインの分量は、エストファッドゥに対して白ワインが4％、赤ワインが6％の割合です。

supplément
Fumet de poisson
Demi-glace

ingrédients

12ℓ	エストファッドゥ（⇒P214）
480g	白ワイン※
720g	赤ワイン※

notes
※ 白ワインは、セパージュ・ソヴィニオンなどの辛口を、赤ワインは、アルジェリアワイン、ブルゴーニュ、ボルドーなどを選んでください。

recette

1　エストファッドゥを沸騰させ、アクを取りながら煮詰める。

2　白ワイン、赤ワインを加え、常にアクを取り、鍋の周りについたドゥミグラスは刷毛でぬぐい落とす。約半分になるまで煮詰める。
　ドゥミグラスを用途に応じて煮詰める場合は、用途に適した厚みと深さのある鍋を使い、弱火で長く煮詰めるのがポイントです。

用途　蒸し煮のだし汁やフォンで使う場合は、ドゥミグラスを加えて煮込んでいくため、濃縮する必要はありません。一方、ソース（ソース・マデラ、ソース・ペリグーなど）やデグラッセに使う場合は、最終段階でドゥミグラスを加えるのであらかじめ濃縮しておいた方がいい味が出ます。

保存法　P210　「フォン・ドゥ・ヴォライユ」と同じ。

缶詰を使う場合　ハインツ社のグラス・ド・ビアン（缶詰）と水を1：1で合わせたもので代用できます。フォン・ド・ヴォー（缶詰）を加えると、よりおいしくなります。

Fond brun dit estouffade

ドゥミグラスのベースとなるエストファッドゥ

「エストファッドゥ」と呼ばれる茶色いフォンの風味は、牛と家禽と香味野菜の調和から生まれます。しっかりした味わいを持つフォンです。このフォンはソースやドゥミグラス作りによく使われます。家庭で作る場合はP216「家庭で作る少量のエストファッドゥ」をご覧下さい。

ingrédients

A {
- 3.5kg　仔牛の骨
- 3.5kg　牛の骨
- 1kg　　牛すじ肉
- 1.5kg　牛もも肉（かたまり）
- 1kg　　鶏ガラ
- 2.5kg　オックステール[※1]
- 1kg　　鶏の手羽先
- 1kg　　豚の厚皮
}

- 適量　　オリーブオイル
- 750g　にんじん
- 100g　エシャロット
- 500g　玉ねぎ
- 35ℓ　　水
- 50g　　にんにく（皮付き）
- 400g　ポロねぎ
- 200g　セロリ
- 1束　　ブーケガルニ
  - タイム…3本
  - ローリエ…2枚
  - イタリアンパセリ…20本
- 300g　トマトペースト
- 105g　粗塩
- 小さじ1　粒黒こしょう
- 小さじ1　コリアンダーシード
- 2個　　クローヴ
- 少々　　ナツメグ

préparation

(1) にんじん、エシャロット、玉ねぎは1.5〜2cm角に切る。

(2) 牛もも肉、ポロねぎ、セロリはタコ糸で縛る。

(3) こしょう、コリアンダーシード、クローヴは合わせて茶袋に入れる。

---

notes

※1　本来は仔牛の足1本が正式なルセットゥですが、現在入手困難のため、オックステールの量を増やしています。仔牛の足を使う場合の下処理はP210「フォン・ドゥ・ヴォライユ」参照。

supplément

Fond brun dit estouffade

recette

1 300℃に熱したオーブンで、Aの骨と肉を焼く。しっかり焼き色をつけ、焼いた後よく脂をきる。天板の中の脂を捨て、水でデグラッセして付着している旨みをとっておく。

2 豚の厚皮は水（分量外）から茹で、沸騰してから冷水に浸し、水けをきる。

3 フライパンにオリーブオイルを入れて熱し、にんじん、エシャロット、玉ねぎを炒める。こし器にあけて油をよくきる。野菜を炒めたフライパンは水でデグラッセする。

4 寸胴鍋に焼いたA（牛もも肉、オックステール以外）、2の豚の厚皮、水、1と3のデグラッセした汁を加え、沸騰したら弱火にしてアクを取りながら30分〜1時間煮る。

5 3の野菜、にんにく、ポロねぎとセロリ、ブーケガルニ、トマトペースト、粗塩、茶袋に入れたこしょう、コリアンダーシード、クローヴを加え、2時間煮込む。

6 牛もも肉、オックステール、ナツメグを加え、アクを取りながら8時間ほど煮込む。

7 鍋底や鍋の縁に付着した濃縮されたフォンを刷毛できれいにぬぐい、鍋に戻す。

8 こし器でこし、氷水にあてて素早く冷ます。冷ます時も浮いてきた脂を取り除き、フォンの表面に脂の層を作らないようにする。

保存法 P210 「フォン・ドゥ・ヴォライユ」と同じ。

> 家庭用少量で作るエストファッドゥ

ingrédients

1.2kg	牛の骨
350g	牛すじ肉
350g	牛の切り落とし肉
500g	オックステール
1羽分	鶏ガラ
350g	鶏の手羽先
適量	オリーブオイル
190g	にんじん（皮付き）
25g	エシャロット
125g	玉ねぎ
5ℓ	水
100g	ポロねぎ
50g	セロリ
13g	にんにく（皮付き）
25g	トマトペースト
26g	グラス・ドゥ・ビアン（缶詰）
1束	ブーケガルニ
	┃タイム…3本
	┃ローリエ…2枚
	┃イタリアンパセリ…20本
1個	クローヴ
小さじ1/4	粒黒こしょう
小さじ1/4	コリアンダーシード
22g	粗塩
少々	ナツメグ

préparation

（1）にんじん、エシャロット、玉ねぎは1.5cm角に切る。

（2）ポロねぎ、セロリはタコ糸で縛る。

（3）クローヴ、こしょう、コリアンダーシードは合わせて茶袋に入れる。

recette

1 300℃に熱したオーブンで、牛の骨、牛すじ肉、牛の切り落とし肉、オックステール、鶏ガラ、鶏の手羽先を焼く。しっかり焼き色をつけ、焼いた後よく脂をきる。天板の中の脂を捨て、水でデグラッセして付着している旨味をとっておく。

2 フライパンにオリーブオイルを入れて熱し、にんじん、エシャロット、玉ねぎを炒める。こし器にあけて油をよくきる。野菜を炒めたフライパンは水でデグラッセする。

3 寸胴鍋に1の骨と肉、水、1と2のデグラッセした汁を加え、沸騰したら弱火にしてアクを取りながら煮る。

4 2の野菜、ポロねぎ、セロリ、皮付きのままのにんにく、トマトペースト、グラス・ドゥ・ビアン、ブーケガルニ、茶袋に入れたクローヴ、こしょう、コリアンダーシード、粗塩、ナツメグを加える。アクを取りながら3時間煮込む。

5 鍋底や鍋の縁に付着した濃縮されたフォンを刷毛できれいにぬぐい、鍋に戻す。

6 こし器でこす。氷水にあてて素早く冷ます。冷ます時も浮いてきた脂を取り除き、フォンの表面に脂の層を作らないようにする。

保存法 P210 「フォン・ドゥ・ヴォライユ」と同じ。

supplément

Fond brun dit estouffade

Liste des herbes aromatiques

フレッシュハーブ図鑑

イタリアンパセリ、タイム、ローリエなど、フランス料理でよく登場するハーブを紹介します。家庭菜園が好きな方はぜひ庭で育ててみては如何でしょう。日本のハーブはフランスのものと比べると味も香りも弱いですが、それでもフレッシュハーブを使うことで、より豊かな味わいになります。

ローリエ
laurier

月桂樹の葉。英名ベイリーフ。シチューやポトフなどの煮込み、フォンなどに使うほか、肉や魚の臭み消しにも。

タイム
thym

シソ科。地中海沿岸原産で肉、魚料理との相性がよく、煮込み料理など長時間加熱する料理にも使われます。

イタリアンパセリ
persil plat

セリ科。通常のパセリより風味、香りが柔らか。ブーケガルニで使うほか、飾り付けや刻んでソースやドレッシングなどにも。

バジル
basilic

シソ科。強い香りと殺菌効果があります。トマトやにんにくを使う料理と相性がよいです。

セルフィーユ
cerfeuil

セリ科。英名チャービル。アニスに似た上品で甘い香りが特徴で、フランス料理に欠かせないハーブの一つ。

ディル
aneth

セリ科。サーモンのマリネなど魚介料理によく使われるため、魚介のハーブとも言われています。

コリアンダー
coriandre

セリ科。東南アジアの料理でパクチー、香菜としても知られるハーブです。強い香りが特徴です。種（コリアンダーシード）も香辛料として使われます。

エストラゴン
estragon

キク科。英名タラゴン。フランス料理の三大ハーブの一つで甲殻類、貝類、鶏肉との相性がよいです。特にエスカルゴには必須のハーブ。

鶏のさばき方

丸鶏のさばき方を紹介します。
鶏ガラや手羽元、手羽先はフォンに、肉は煮込み料理などに使います。

1
丸鶏は産毛が残っていたらバーナーであぶり、きれいに拭き取る。

2
首の皮をめくり、包丁で鎖骨に沿って切り込みを入れ、鎖骨を引っ張って外す。

3
手羽先を引っ張り、関節のところで切る。さらに手羽先の部分も切り落とす。もう一方も同様にする。

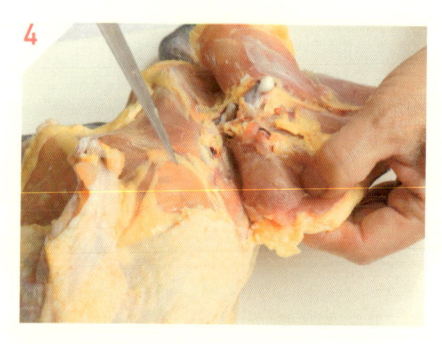

4
胸を上にしておき、片方のももをゆっくり引っ張る。ももと胴の間で皮を切り、関節が見えるようにももを持ちあげて位置を確認し、関節のところで切り離す。もう一方も同様にする。

5
手羽の関節とむねの間から包丁を突き刺して向う側まで刃先を出し、そのまま背骨と平行に包丁を引き、むね肉を外す。

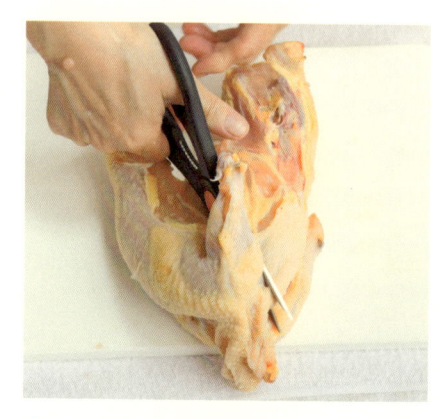

△ キッチンバサミを使ってもよいです。

supplément

découper un poulet

6

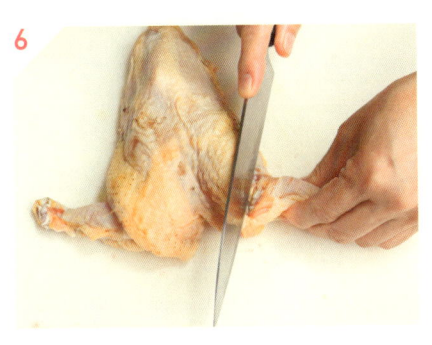

関節のところに切り込みを入れてむね肉から手羽元を切り離す。もう一方も同様にする。

7

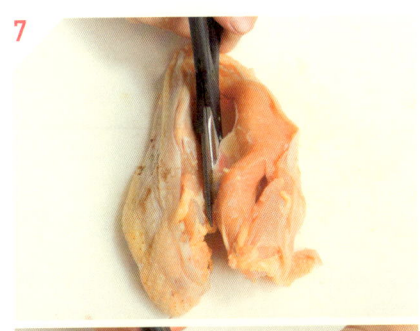

むね肉の中央に包丁を入れ、骨に当たるまで切り、裏に返してキッチンバサミで切り分ける。同様に肩は半分に切る。

8

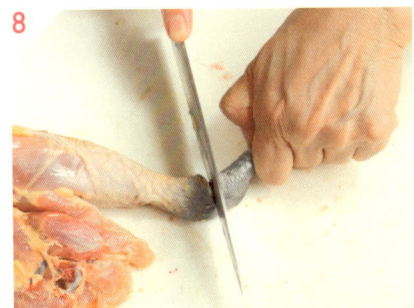

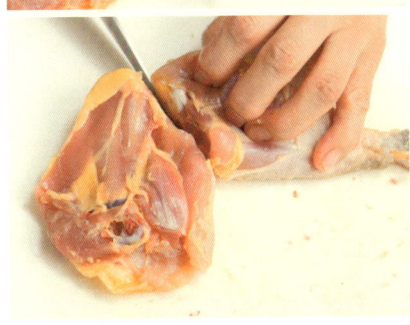

切り離したもも肉は足首のところを切り、さらに関節の中心で切り分ける。もう一本も同様にする。

9

全部で14切れになる。
※の手羽先、手羽中、手羽元はフォンに使います。

準備しておくと便利なこと

本書でよく登場する共通のパーツや下準備です。

Beurre en pommade
ポマード状バター

型に塗ったり、料理にテリを出す時に使います。

1 バターを厚さ約5mmに切り、ボウルに重ならないように入れて室温（25℃）に30分〜1時間ほどおく。指が無理なく入るくらいの柔らかさが目安。

2 ボウルに入れ、木べらかホイッパーでツヤのあるクリーミーな柔らかさにする。

Beurre clarifié
澄ましバター

普通のバターよりも焦げにくいので、ソテーなどに使われます。

1 溶かしバターを作り、ボウルに移す。そのまま暖かめのところ（40〜45℃）におく。しばらくすると3層に分離するので、冷蔵庫に入れて冷やし固める。一番上の黄色い層が「澄ましバター」。50gのバターから40gの澄ましバターが取れる。
　※ ラップで包み冷蔵庫で約1週間、冷凍庫で約1ヶ月保存可能。
　※ 作るのが大変であればオリーブオイルで代用可。

Beurre fondu
溶かしバター

パータ・クレープやスクランブルエッグを作る時に使います。

1 手鍋にバターを入れて火にかけ、バターが溶けたらすぐ火からおろし、そのままほぼ常温に冷ます。
　※ 少量のバターを溶かす時は、湯せんではなく、ガスの火やオーブンで溶かしても味わいに影響はありません。

Beurre salé
ブール・サレ

マスタードと塩を合わせたバターです。サンドイッチやカナッペに使います。

140g	バター
10g	マスタード
1g	塩

1 ポマード状にしたバターにマスタードと塩を加え、ホイッパーで混ぜる。全体が混ざればよい。

　※ 冷蔵庫で1週間保存可能。

supplément

Préparatifs

Dorure
塗り卵

27g	全卵
13g	卵黄
22g	牛乳
2g	グラニュー糖
少々	塩

1. 全卵と卵黄を合わせてほぐし、牛乳、グラニュー糖、塩を加え混ぜ、裏ごしする。
   ⚠ 冷蔵庫で保存可能。砂糖と塩が極端に少ないため腐りやすいので少量作って2〜3日で使い切ります。

Épluchage de tomate
トマトの湯むき

トマトを使った料理によく登場する下準備です。

1. トマトはヘタをくりぬき、反対側に十字の切れ目を入れておく。
2. 鍋にお湯を沸かし、トマトを入れ、数秒後に取り出し、氷水に浸けて冷やす。
   ⚠ 薄皮がめくれてきたら、あとは簡単にむけます。

Roux
ルー

ルーは、ソースにとろみをつける「つなぎ」のようなもので、さまざまなソースに使われます。冷やし固めて小分けにし、冷凍庫で1〜2ヵ月保存できます。

100g	バター
50g	強力粉
50g	薄力粉

1. 手鍋にバターを入れて溶かし、合わせてふるっておいた粉を加える。
2. 弱火にし、色がつかないように気をつけながら炒める。木べらですくった時に、少しサラッとした感じが出ればよい。 
3. 火からおろし、ときどきホイッパーで混ぜて冷ます。容器に移し、冷蔵庫で冷やす。
   ⚠ そのまま冷ましてしまうと、上の層と下の層で状態が変わってしまうことがあります。

Bouquet garni
ブーケガルニ

フランス料理で、風味づくりに欠かせないハーブ類の束です。煮込み料理などに使われます。

1. ローリエ、イタリアンパセリ、タイムなどのハーブを長さ10cmほどに切ったポロねぎの緑の部分で巻き、タコ糸で縛る。 
   ⚠ ポロねぎの緑の部分がなければ、ハーブをタコ糸で縛るだけでもよいです。作る料理によって、加えるハーブの種類や量は変わります。

Mayonnaise
マヨネーズ

水分と油分がよく混ざり合う乳化（エマルジョン）ソースです。基本のマヨネーズは調味料や香味野菜などを加えたり、他のソースのベースになるなど、用途が多岐にわたるソースです。密閉出来るビンなどに入れ、4℃の冷蔵庫で約10日間保存できます。

出来あがり量：約220g

42g	卵黄
10g	マスタード
1.7g	塩
15g	赤ワインビネガー
88g	オリーブオイル
88g	ピーナッツオイル

ハンドミキサーとボウルのこと

イル・プルーでは泡立てにハンドミキサーを使います。ハンドミキサーは低速・中速・高速の3段階に調節でき、ビーターが2本セット出来るものを使います。ビーターは先が広がっている形の方がよく泡立ちます。
ボウルは深めで側面が底に対して垂直なものを選びます。ボウルとビーターの間に隙間が出来ず、効率よく泡立てられます。

1 ガラスボウルに卵黄27gを入れ、ハンドミキサー（ビーター2本）の速度3番でよくほぐす（以後、ずっと同じ速度）。マスタード、塩、赤ワインビネガー5gを加え、よく混ぜる。

2 オリーブオイルとピーナッツオイルを合わせておき、1/3量を5〜6回に分けて加える。1回加えるごとに30〜40秒混ぜ、よく乳化させたら次を加えていく。ある程度しっかりした硬さ（マヨネーズ状）になったら、赤ワインビネガー5gを加え、さらに混ぜる。
※ 最初の油は入れすぎないように。ここできちんと乳化すれば、そのあと失敗することはありません。

3 オイルの1/3量を一度に加え、同様に混ぜる。硬さが出てきたら残りの赤ワインヴィネガー5gを加え混ぜる。さらに残りのオイルをすべて加えて混ぜる。

4 卵黄15gを加え、同様に混ぜる。出来あがりは、十分もったりして軽く角が立つくらいのかなり硬さがある状態。
※ 日本の卵黄は味が平淡なので、最後にもう一度卵黄を加えて味に豊かさを出します。

supplément

Mayonnaise
Sauce bechamel

Sauce bechamel
ソース・ベシャメル

ホワイト系の基本のソースです。フランスではシンプルにバター、小麦粉、牛乳、塩、白こしょう、ナツメグのみで作りますが、日本の乳製品は味わいが薄いため、スキムミルクで乳製品のコクと旨味を加えています。

出来あがり量：約570g

38g	バター
19g	薄力粉
19g	強力粉
470g	牛乳
3.5g	スキムミルク
4.4g	塩
6挽	白こしょう
1g	ナツメグ

1 手鍋を火にかけてバターを溶かし、合わせてふるっておいた粉を一度に加え、木べらで混ぜる。大きい泡が出てさらにトロッとした感じが出てくるまで弱火で色をつけないように炒める。

2 火を止め、あらかじめ温めておいた牛乳の1/3量を加え、ホイッパーでよく混ぜる。残りを3回に分けて加える。再び火にかけ、ホイッパーで混ぜながら、フツフツと沸騰してからしばらく煮る。

3 火からおろし、塩、こしょう、ナツメグを加えて混ぜる。

Sauce parmesane
ソース・パルムザン

元はソース・モルネイ（⇒P36「フィレンツェ風ほうれん草と半熟卵のクルスタッドゥ」）と同じものですが、とても簡単でおいしいチーズ風味のソースです。冷蔵庫で1週間保存出来ます。

出来あがり量：約260g

133g	牛乳
10g	ミルクパウダー
25g	バター
33g	全卵
13g	卵黄
33g	水
4g	薄力粉
12g	コーンスターチ
37g	グリュイエールチーズのすりおろし
9g	エダムチーズのすりおろし
6挽	白こしょう
0.1g	ナツメグ
1.4g	塩

1 手鍋に牛乳、ミルクパウダー、バターを入れ、軽く沸騰させる。

2 水で薄力粉とコーンスターチを溶き、ほぐした全卵と卵黄に加えて混ぜる。

3 1の火を止め、2を1/3量までは少しずつ加えて混ぜ、残りはサーッと入れてホイッパーでよく混ぜる。再び火にかけ、沸騰させて10秒ほど炊く。

4 火からおろし、グリュイエールチーズとエダムチーズのすりおろしを2回に分けて加え、そのたびによく混ぜる。
   ※ チーズは必ずホイッパーでよく混ぜ、溶けてから50回ずつ混ぜます。混ぜ方が足りないと、チーズの脂肪が分離して不快な舌触りになります。

5 こしょう、ナツメグ、塩を加えて混ぜる。

Pâte à paté

パータ・パテ

塩味で香ばしいタルト生地「パータ・パテ」はクルスタッドゥを作る時に使います。日本の素材で本場フランスと同じようなおいしさを作りあげるために、フランスのルセットゥでは入らないアーモンドパウダーやエダムチーズを配合しています。フードプロセッサーを利用する場合と、手でパートゥを仕込む場合の、2通りの作り方を紹介します。

supplément

Sauce parmesane
Pâte à paté

ingrédients

- 125g　薄力粉
- 125g　強力粉
- 30g　アーモンドパウダー
- 25g　エダムチーズのすりおろし
- 120g　バター

A
- 65g　水
- 10g　グラニュー糖
- 30g　チーズコンサントレ
- 5g　塩

- 適量　卵黄（塗り用）

préparation

(1) のし台は氷を入れたバットやビニール袋をのせてよく冷やしておく。

(2) **A**を混ぜて溶かし、冷蔵庫で5℃に冷やしておく。

(3) 薄力粉と強力粉は合わせてふるう。アーモンドパウダー、エダムチーズのすりおろしを加え、手でよく混ぜ込み、冷凍庫でよく冷やしておく。

(4) バターを厚さ3mmにスライスし、冷蔵庫で冷やしておく。

(5) 直径24cmくらいのボウルも冷蔵庫でよく冷やしておく。

(6) 型は少し多めにポマード状バター（分量外）を塗る。

recette

パータ・パテを作る。

1 フードプロセッサーに粉類、バターを入れ、バターが1～2mmの粒になるまで回す。

2 冷やしておいたボウルに移し、**A**の液を5～6回に分けて刷毛で散らしながら入れていく。

3 **A**の液を1回加えるたびに両手ですくい、ほぐすように混ぜる。全体的にサラサラとした砂のような状態になる。

4 パートゥを両手で強く握りながら、3～4個のだんご状にまとめる。
※一度にまとめると強く練りすぎてグルテンが出てしまうのを防ぐため。

5 **4**をさらに1つにまとめ、白い粉が見えなくなって、軽くまとまるまで揉む。平らに形を整えてラップで包み、冷蔵庫で一晩休ませる。

型に敷き込む（タルトリングの場合）。

1 翌日、パートゥから必要な量だけ切り分け、のし台に角が正面にくるようにおく。

2 めん棒で少し強めにたたきながらのばし、向きも変えながら（角は常に正面）、均一でのばしやすい硬さにする。手粉（分量外）は適宜ふる。
　⚠ このパートゥは硬めなので、力を入れてたたいてのばして下さい。
　⚠ 生地は手で揉まないでください。手で揉むと、生地に硬いところと柔らかいところが出来てのばしにくくなります。

3 直径12〜13cmほどになったら、厚さ3mmの板を生地の両側に置き、めん棒をこの上に転がして直径24cmにのす。
　⚠ めん棒に添える手は、必ず両側においた板の上に置くこと。手を板の内側に添えるとめん棒がたわみ、生地が薄くなりすぎることがありますので注意して下さい。

4 生地の表裏と台の粉を刷毛でよく払う。パートゥをパートゥの表裏と台の粉を刷毛でよく払う。パートゥを裏返し、型にたるませながらのせる。

5 型の底角に合わせて内側に折り、折り目を指で押して底にきっちり合わせる。次に内側に折った生地を立て、親指で生地を下に送り込むようにしながら側面に貼りつける。

6 型の上1cmのところでハサミで切り揃え、縁を指でつまんで波形に整形する。

7 冷蔵庫で1時間以上休ませる。
　⚠ 一度冷蔵したほうがグルテンの引きが弱まり、焼き縮みも少なくなります。

型に敷き込む（フランキャヌレの場合）。

1 上記「タルトリングの場合」1〜5と同様にする。型にめん棒を転がし、余分なパートゥを落とす。

2 冷蔵庫で1時間以上休ませる。

必ず生地を作った翌日（長くても翌々日）に整形します。
この状態でビニール袋に入れ、冷凍庫で10日間保存できます。
冷凍した生地は、自然解凍してから焼成します。

supplément

Pain de mie

空焼きする。

1 空焼きする時に重石がパートゥにはまり込むのを防ぐため、パートゥの内側に敷くベーキングシートを用意する。型の直径より6cmほど大きい円形にベーキングシートを切り（ここでは直径18cmの型を使うので、直径24cmの円形に切る）、側面部分にハサミで切り込みを入れる。

2 冷蔵庫から出してまだパートゥが冷えて硬いうちに、パートゥの内側に1のベーキングシートを敷く。

3 予熱した天板にベーキングシートを敷き、常温に戻した2に熱した重石を縁いっぱいまで入れる。

4 オーブンに入れて空焼きする。
　電子レンジオーブン　　230℃で約20分
　ガス高速オーブン　　　190℃で約14分
底の内側までキツネ色になるまで焼く。

5 オーブンから出し、重石を取り出す。刷毛でパートゥの内側に卵黄を塗る。再びオーブンに2～3分入れて乾燥させる。

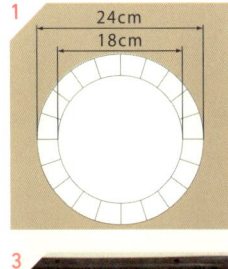

フードプロセッサーを使用しない場合の作り方

※材料、分量は同じ
※バター以外の下準備は同じ

「パータ・パテを作る」1～3を以下のようにします。

1 ぬれた布（デニム布など丈夫なもの）でバターを包み、めん棒でたたいて柔らかくする。

2 粉に1のバターを手で小さくちぎってのせ、完全に砂状になるまで両手ですり合わせる。

3 冷やしておいたAの液を5回に分けて散らし入れ、ほぐしながら混ぜる。以下はフードプロセッサーを使用する場合と同じ。

二番生地の利用法

型に敷き込んだあと、切り取って残ったパートゥは、新しいパートゥに折り込むことで再利用出来ます。

1 切れ端として残ったパートゥを冷蔵庫で冷やし固める。

2 新しいパートゥをめん棒で叩き、ある程度の大きさにしてから1のパートゥをはさんで2つに折る。

3 折ったパートゥを少し叩いてからのす。

Pain de mie

パン・ドゥ・ミ

パン・ドゥ・ミとは「食パン」のこと。日本でよく見られる、フワフワな食パンとは違い、フランスの食パンは、目が粗く、ざらつきのある生地が特徴。私どもイル・プルーのフランス料理教室でも、必ずこのパン・ドゥ・ミを授業で教えています。サンドイッチやカナッペ、クロック・ムッシュウに使う他、クルトンやパン粉としても使います。

上口寸 18.5cm × 9.5cm、底寸 17.5cm × 9cm、高さ 9cm 食パン型 2 台分

ingrédients

A
- 353g　強力粉
- 161g　セーグル粉（ナチュラル）[※1]
- 24g　セーグル粉（パワー）[※1]
- 24g　ドライイースト
- 13g　グラニュー糖
- 240g　お湯（40℃）
- 30g　ミルクパウダー
- 13g　塩

B
- 93g　全卵
- 29g　卵黄
- 93g　バター

notes
※1　鳥越製粉のライ麦粉。ナチュラルは中挽き。パワーは胚芽入りの粗挽きです。

préparation

(1) のし台は氷を入れたバットやビニール袋をのせてよく冷やしておく。

(2) **A**の粉は合わせてふるい、冷蔵庫で5℃に冷やしておく。

(3) 手粉（分量外）も冷蔵庫で冷やしておく。
　　手粉はセーグル粉（ナチュラル）を使います。

(4) 食パン型2個にポマード状バター（分量外）を刷毛で塗る。

クルトンの作り方

丸いクルトンの場合

1 ルセットゥに記された厚さにスライスし、直径6cmの抜き型で抜く。

2 170℃のオーブンで15分焼く。

角切りのクルトンの場合

1 パン・ドゥ・ミの耳を切り落とし、ルセットゥに記された大きさの角切りにする。

2 フライパンにオリーブオイルやバターを入れて熱し、1をよく混ぜながら均一に色がつくように揚げる。ペーパータオルの上にあけて油をきる。

supplément

Pain de mie

recette

1. ドライイースト、グラニュー糖をお湯で溶き、35℃〜40℃の温かいところ（オーブンの上に置いたり40℃のお湯にあてるとよい）で5分ほど予備発酵させる。泡が浮き、表面が5mmほど浮き上がったら、5℃以下に冷やして発酵を止める。

2. パンこね器に **A** の粉を一度に入れ、ミルクパウダー、塩を加えて回し始める。

3. 1のイースト液と **B** の卵液を合わせ、2に少しずつ加えていく。

4. こね器を回しながら、木べらの柄などで生地を突いてまんべんなくこねたり、手で生地を裏返したりする。一つにまとまってから6分回す。

5. バターを4回くらいに分けて加え、生地を手でもんだり強く握りつぶすようにし、何回か2つにちぎりながら練っていく（テリが消えたら次を加える）。

6. 2回目のバターを入れ終わったらボウルごと氷水にあてて生地とボウルを冷やす。バターを全部加えてテリが消えて、さらに2分練ったら氷水に浸けて一度冷やし、さらに3分練る。
   ⚠ バターを入れ終わると生地が柔らかくなるので、手で押し込まなくてよいです。
   ⚠ 教室で使っているレディースニーダーはモーター熱で生地が暖まりやすいので、生地とボウルを冷やしています。

7. ボウルに移し、乾いた布とビニール袋をかぶせて、室温15℃〜20℃の涼しいところで20分ほど1次発酵させ1.5倍の大きさにする。

8. のし台に手粉をふり、6をのせて2つに分ける（1つ530g）。手のひらで叩きながら1つ18×15cmに伸ばし、生地を向こう側から手前に1/4巻き、手のつけ根で軽く叩いてつける。

9. 残りも1/4ずつ巻き、同様に手のつけ根で軽く叩いてくっつける。巻き終わりを下にして型に入れる。こぶしで押して生地を四隅に行き渡らせる。
   ⚠ 四隅にしっかり生地を送り、少し高くしておかないと、角がきれいに出ず、丸く焼きあがってしまいます。

10. フタは完全に閉めないで、5mmほどすき間をあけておく。室温27℃のところで30〜40分2次発酵させて、型の9分目まで膨らませる。

11. フタを閉め、オーブンで焼く。
    電子レンジオーブン　　190℃で40分
    ガス高速オーブン　　　170℃で20分
    →天板の奥と手前を入れ替えてさらに20分

全体に濃いめの焼き色がつくまで焼く。フタを取ってみて、焼き色が十分でない場合はもう一度オーブンに入れて十分に焼き色をつける。焼きあがったらすぐに型から出し、網にのせて冷ます。
⚠ 焼き方が不十分だと柔らかいだけの歯にまとわりつく食感になってしまいます。

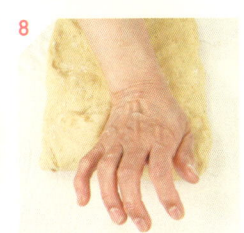

Pain de campagne

パン・ドゥ・カンパーニュ

パン・ドゥ・カンパーニュは「田舎風のパン」のこと。イル・プルー・シュル・ラ・セーヌの教室ではパン・シュルプリーズで使っています。焼きたてよりも12時間ほど放置し、水分が少し抜けて少しだけパサつくくらいがおいしいです。

直径18cm×高さ5cm セルクル1台分

ingrédients

A
- 225g　強力粉
- 158g　セーグル粉 (ナチュラル)
- 68g　セーグル粉 (パワー)
- 14g　ドライイースト
- 7g　グラニュー糖
- 270g　お湯 (40℃)
- 9g　塩
- 45g　バター

適量　塗り卵 (⇒P221)

préparation

(1) のし台は氷を入れたバットやビニール袋をのせてよく冷やしておく。

(2) **A**の粉は合わせてふるい、冷蔵庫で冷やしておく。

(3) 手粉 (分量外) も冷蔵庫で冷やしておく。

(4) セルクルの内側にバターを塗る。

supplément

Pain de campagne

recette

1 ドライイースト、グラニュー糖をお湯で溶き、35〜40℃の暖かいところで5分ほど予備発酵させる。

2 パンこね器のボウルに粉、塩を入れて回し、1のイースト液を少しずつ加えていきますひとつにまとまってから2分30秒間こねる。

3 ポマード状のバターを3回に分けて加える（テリが消えたら次を加える）。バターが全部混ざったら氷水に30秒浸けて冷やし、さらに2分30秒こねる。

4 ボウルに移して2.5倍に膨れるまで発酵させる（25℃くらいのところで約40分）。

5 のし台に手粉（分量外）をふり、生地を丸めてセルクルに入れてこぶしで平らにする。

6 2倍に膨れるまで発酵させる（27℃くらいのところで約40分）。

7 表面に塗り卵を塗る。縁の方に6ヵ所、中央に1ヵ所、竹串で穴をあける。

8 オーブンに入れて焼く。
　　電子レンジオーブン　　　170℃で約2時間
　　ガス高速オーブン　　　　160℃で約2時間

⚠ 十分に水分を取らないと、粘りが出ておいしくありません。表面は濃い目の焼き色、側面はほどよいキツネ色になりカチカチになるまで焼きます。

フランス料理で使うベーシックな材料と、あると便利な器具

本書でよく使う材料や器具について紹介します。
調味料や香辛料、乳製品もおいしいものを選ぶと味がぐんと本格的になります。

乳製品

produits laitiers

a 生クリーム
なるべく味わいのあるものを見つけて下さい。料理によって乳脂肪分35％、42％、48％のものを使い分けています。

b サワークリーム
牛乳や生クリームを使う料理にさらにコクを出すために使います。本書では、中沢乳業の製品を使用しています。

c バター
フランスでは通常料理に使うのは無塩の発酵バターです。イル・プルーではお菓子と同様、料理でも明治乳業の無塩の発酵バターを使っています。

d グリュイエールチーズ
スイス、グリュイエール地方原産のハードタイプのチーズ。フランス料理ではグラタンやキッシュなどに使います。

e エダムチーズ
オランダ北部、エダム地方原産のハードタイプのチーズ。赤いワックスは取り除いて使います。すりおろして使うと香ばしくコクのある味わいになります。

f パルメザンチーズ
イタリアを代表するチーズの1つ。すりおろし、仕上げにふりかけるなどして使います。

supplément

Ingrédients

調味料

huile, vinaigre, fond et sauce etc…

a シェリー酒ヴィネガー
スペイン産パロミノ種白ぶどう100％で作られたシェリー酒を樫の木樽の中で熟成させたヴィネガーです。ヴェア社製。

b 赤ワインヴィネガー
ワインの名産地スペイン・カタルーニャ地方プリオラート南部で収穫されたガルナッチャ種赤ぶどうから作られた赤ワインを樫の木樽の中で熟成させたもの。ヴェア社製。

c ピーナッツオイル
過度に精製されていないものを選ぶようにしてください。アングリア社製。

d オリーブオイル
エクストラヴァージンのオリーブオイルを使っています。スペイン産のものがお薦めです。ヴェア社製。

e トマト水煮
日本のトマトは酸味が強すぎる場合が多いので、なるべくヨーロッパ産のトマト水煮缶を使いましょう。教室ではスピガドーロ社のものを使っています。

f トマトペースト
メーカーによって味わいに濃淡があります。教室では業務用のスピガドーロ社のもの使っています。

g ディジョンマスタード
粒なしの上品な風味のマスタード。ステーキなどの肉料理やポトフに添えたり、ソース・ヴィネグレットやサンドイッチのブール・サレに使ったりと、使い勝手がよいです。

h フュメ・ド・ポワソン
魚料理を作る時に使う、魚のアラから抽出したダシ。手軽なフュメを作る時に。ハインツ社製。

i グラス・ド・ビアン
肉や野菜から取った旨味をベースとしたもの。料理の下味として加えることでしっかりした味に仕上がります。簡易ドゥミグラスを使う時にも。ハインツ社製。

j ソース・アメリケーヌ（アメリカンソース）
新鮮な伊勢海老が主原料の、バターをふんだんに使ったコクのあるソース。魚料理などに。ハインツ社製。

香辛料、塩
épice, sel

ナツメグ
独特の香りがあり、肉料理と相性がよいです。ホウルで買い、使うたびにすりおろして使います。

クローヴ
丁子のこと。肉や野菜の臭みを消し、風味をつける時に使います。玉ねぎや肉に刺して使うことも。

カレー粉
ナイル商会のインデラ・カレーを使用。

黒こしょう
独特の強い風味があり、一般的に肉料理によく使います。ホウルをその都度ミルで挽いて使う方が風味がよいです。

白こしょう
上品な香りが特徴。白身魚や鶏肉などの淡白な素材に合います。色の淡いホワイトソース系やポタージュに使うる場合、色を汚さない白こしょうが向いています。

コリアンダーシード
セリ科の香辛料。ほのかに柑橘系の香りがして甘みもあります。フォンを作る時などにたびたび使用。

フルール・ドゥ・セル（塩の花）
塩田の水面に最初に浮かぶ結晶をていねいに手摘みした最高品質の塩。仕上げなどに。

塩
粗塩を細かくしたもの。味を調える時、ドレッシングなどに使います。

粗塩
フォンを取る時や野菜や肉を煮込む時に。深い旨味を与えてくれます。

※塩は全てブルターニュ地方のゲランドの海塩を使っています。太陽と風の力だけで乾燥させた、海のミネラルを豊富に含んだ塩は、塩辛くなく、素材の味を引き出す旨味を持っています。用途に応じてフルール・ドゥ・セル、細かい塩、粗塩を使い分けます。

道具
ustensiles

supplément

Ingrédients
Ustensiles

トング a
肉を焼く時などに重宝します。

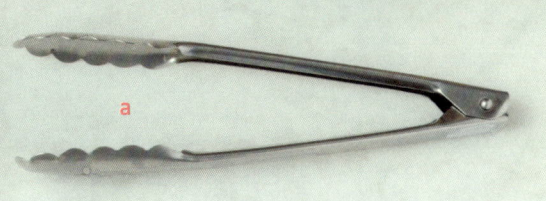

こし器 b,c,d
大きいもの、取っ手のついている小さいものなどいくつかあると便利です。特にフランス料理ではスープをこす時に円錐形をした網目の細かいこし器「シノワ」(d)を使いますが、なければなるべく網目の細かいザルで代用を。

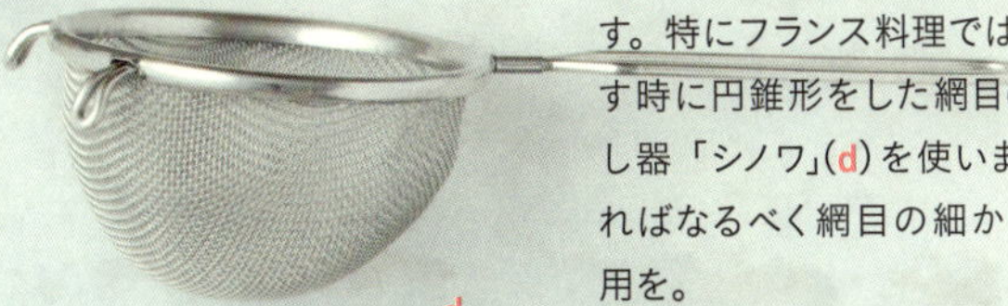

プティクトー e
（ペティナイフ）
果物など小さいものを切る時に使います。刃渡り約10cm。ルセットゥ中に「クトーの先5mmを1回」などと書いてあるものは、こちらを使っています。

エコノム f
フランス製の皮むき器。じゃがいもの皮をむく時などに。

エキュモワール（網杓子） i
フランス製。フォンなどのアクをすくい取る時に使います。

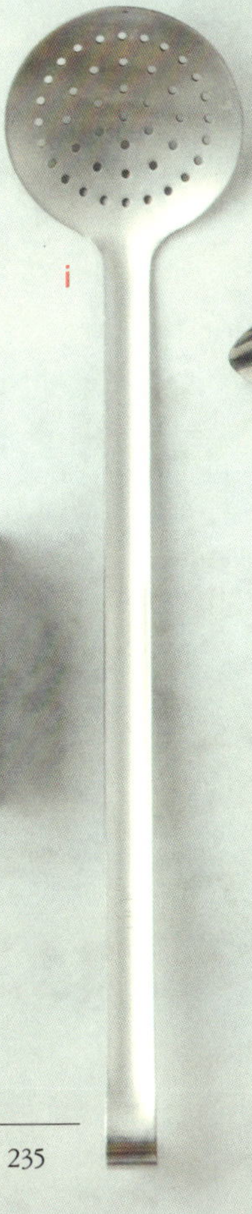

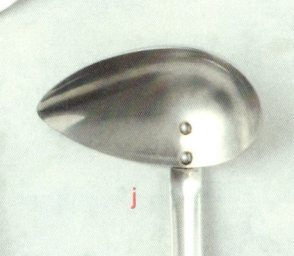

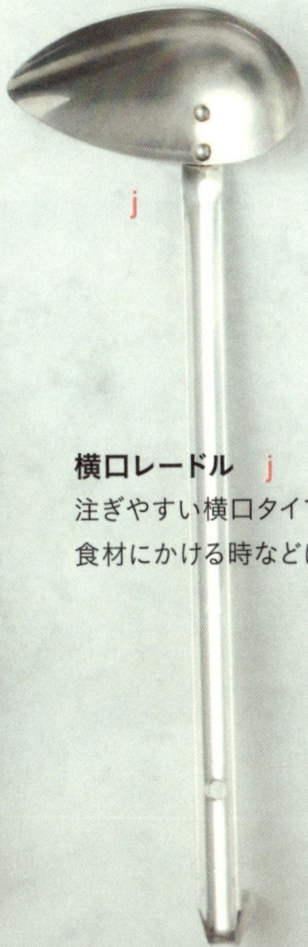

チーズおろし g,h
gはホウルのナツメグをおろす時に使います。hは4面使えて細かいすりおろし、細長いシュレッド状などにおろせます。使うたびにおろすと香りが格段に違います。

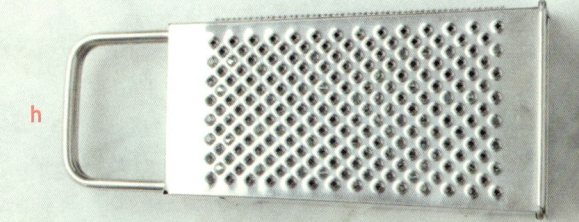

横口レードル j
注ぎやすい横口タイプは、ソースを食材にかける時などに重宝します。

索引
index

A
142 Aspic de saumon fumé et d'avocat

B
174 Baeckeoffe
220 Beurre clarifié
220 Beurre en pommade
220 Beurre fondu
220 Beurre salé
177 Bœuf au paprika à la hongroise
184 Bœuf bourguignon, tagliatelles au beurre
221 Bouquet garni
139 Brandade de morue

C
145 Cake salé aux tomates confites, feta et basilica
60   Canapés au crabe
55   Canapés au parmesan
62   Canapés aux anchois et œuf dur
61   Canapés aux pointes d'asperges
57   Canapés caviar
54   Canapés d'aspics au foie de volaille
56   Canapés de crevettes et tomates
58   Canapés de mousse de sole aux herbes
53   Canapés d'œufs de caille
57   Canapés saucisson
164 Carbonnade de bœuf à la flamande
204 Cassoulet toulousain
87   Crème de champignons et laitue aux cuisses de grenouilles
98   Crème de lentilles aux croûtons et lardons
66   Croque-madame
64   Croque-monsieur
32   Croustade à l'oignon
48   Croustade d' œuf mollet Lucullus
44   Croustade d'œufs brouillés aux œufs de saumon
35   Croustade d'œufs mollets Florentine
39,42 Croustade d'asperges et cuisses de grenouilles
23,30 Croustade de fromage
38,40 Croustade de fruits de mer safranée
22,26 Croustade de julienne de légumes au basilic
46   Croustade de moules au curry
23,28 Croustade de saumon et épinards
18   Croustade Trianon

D
201 Daube de bœuf à la provençale
218 Découper un poulet
213 Demi-glace
221 Dorure

E
221 Épluchage de tomate

F
160 Ficelles picardes
22,24 Flamiche aux poireaux
214 Fond brun dit estouffade
216 Fond brun dit estouffade à la façon familiale
210 Fond de volaille
211 Fond de volaille à la façon familiale
152 Fricassée de poulet aux grains de moutarde
212 Fumet de poisson

G
94   Gaspacho
76,78 Gnocchis à la Parisienne

M
222 Mayonnaise
191 Mouclade à la provençale

O

P
180 Œuf en meurette à la bourguignonne
193 Paella
230 Pain de campagne
228 Pain de mie
68   Pain surprise (avocat, roquefort, poulet et herbes)
73   Pain surprise (saumon fumé, jambon, œuf dur)
225 Pâte à paté
148 Petites mignardises aux feta et tomates séchées
156 Pot-au-feu
188 Potée auvergnate
171 Poulet au riesling
168 Poulet vallée d'Auge

R
137 Rillettes de porc du Mans, Baguette de pain
221 Roux

S
110 Salade au pied de cochon
124 Salade brésilienne
114 Salade canaille aux foies de volailles
111 Salade corrézienne
108 Salade de bœuf rustique à l'auvergnate
122 Salade de crabe aux agrumes
117 Salade de crustacés au poivre vert
120 Salade de langoustines à la vinaigrette d'orange
102,104 Salade de lentilles vertes du Puy aux lardons et petits croûtons
103,106 Salade de suprême de volaille et ris de veau
128 Salade du ris au curry
126 Salade japonaise
131 Salade roscovite
223 Sauce béchamel
224 Sauce parmesane
96   Soupe à l'oignon gratinée
84   Soupe au pistou
90   Soupe de moules au basilic
77,80 Surprise de choux au fromage de chèvre

T
134 Terrine de foie de volaille
196 Tomates farcies, risotte aux petits pois et olives

V
92   Vichyssoise

supplément

index

あ
アルザス風　鶏肉の白ワイン煮	171
いくらとスクランブルエッグの小さなクルスタッドゥ	44
ヴィシソワーズ	92
海の幸のクルスタッドゥ	38,40
オーヴェルニュ風　オックステールのサラダ	108
オーヴェルニュ風　ポテ	188
オージュ谷風　鶏肉の煮込み	168
オニオングラタンスープ	96

か
ガスパチョ	94
家庭用少量で作るエストファッドゥ	216
家庭用少量で作るフォン・ドゥ・ヴォライユ	211
カナッペ　アスパラガスの穂先	61
カナッペ　アボカドのムースとカニ	60
カナッペ　うずらの卵	53
カナッペ　キャビア	57
カナッペ　小エビとトマト	56
カナッペ　サラミ	57
カナッペ　舌平目のムース　香草風味	58
カナッペ　鶏レバーと野菜のアスピック	54
カナッペ　パルムザン	55
カナッペ　茹で卵とアンチョビ	62
カニと柑橘類のサラダ	122
カレー風味　米のサラダ	128
魚介のサラダ　ポワヴルヴェール風味	117
グリーンアスパラガスと蛙のもも肉のクルスタッドゥ	39,42
クロック・マダム	66
クロック・ムッシュウ	64
コレーズ風　フォワグラと砂肝のサラダ	111

さ
サーモンとアボカドのアスピック	142
サーモンとほうれん草のクルスタッドゥ	23,28
サラダ・ロスコヴィート	131
シェーヴルチーズのシュー	77,80
シャンピニオンとレタスのクリームスープ	
蛙のもも肉をガルニチュールに	87
スープ・オ・ピストゥー	84
澄ましバター	220
千切り野菜のクルスタッドゥ　バジル風味	22,26
ソース・パルムザン	224
ソース・ベシャメル	223

た
玉ねぎのクルスタッドゥ	32
チーズのクルスタッドゥ	23,30
ドゥミグラス	213
ドゥミグラスのベースとなるエストファッドゥ	214
トゥールーズ風　カスレ	204
溶かしバター	220
トマトとシャンピニオンのクルスタッドゥ	18
トマトのファルスィ　グリンピースとオリーブのリゾット添え	196
トマトの湯むき	221
ドライトマトとフェタ、バジルのケック・サレ	145
鶏のさばき方	218

鶏むね肉とリ・ドゥ・ヴォーのサラダ	103,106
鶏レバーのサラダ　フランボワーズヴィネガー風味	114
鶏レバーのテリーヌ	134
豚足のサラダ	
（オーヴェルニュ風　オックステールのサラダのバリエーション）	110

な
日本風　米のサラダ	126
ニョッキ・ア・ラ・パリジェンヌ	76,78
塗り卵	221

は
パータ・パテ	225
バエコッフ	174
パエラ	193
パン・シュルプリーズ	
（アボカド、ロックフォールチーズ、鶏と香草）	68
パン・シュルプリーズ	
（スモークサーモン、ハム、茹で卵とマヨネーズ・ヴェルトゥ）	73
パン・ドゥ・カンパーニュ	230
パン・ドゥ・ミ	228
ハンガリー風　牛肉のパプリカ煮込み	
（ハンガリアングラーシュ）	177
ピカルディ風クレープ	160
フィレンツェ風　ほうれん草と半熟卵のクルタッドゥ	35
ブーケガルニ	221
ブール・サレ	220
フォン・ドゥ・ヴォライユ	210
プティット・ミニャルディーズ	
（ドライトマトとフェタ、バジルのケック・サレのバリエーション）	148
フュメ・ドゥ・ポワソン	212
ブラジル風　米のサラダ	124
ブランダード・ドゥ・モリュ	139
フランドル風　牛肉のビール煮込み	164
ブルゴーニュ風　牛肉の赤ワイン煮 タグリアテル添え	184
ブルゴーニュ風　ポーチドエッグの赤ワインソース	180
プロヴァンス風　牛肉の蒸し煮	201
ポトフ	156
ポマード状バター	220
ポロねぎのフラミッシュ	22,24

ま
マヨネーズ	222
ムール貝のクルスタッドゥ　カレー風味	46
ムール貝のスープ	90
ムール貝のプロヴァンス風	191

や、ら、わ
ラングスティーヌのサラダ　オレンジヴィネガー風味	120
ルー	221
ルキュルス風　半熟卵のクルスタッドゥ	48
ル・ピュイのレンズ豆のサラダ	
細切りベーコンとクルトン入り	102,104
ル・マンの豚のリエット　バゲットを添えて	137
レンズ豆のスープ　細切りベーコンとクルトン入り	98
若鶏のフリカッセ　粒マスタードソース	152

イル・プルー・シュル・ラ・セーヌのご案内
il pleut sur la seine

作る　パティスリー イル・プルー・シュル・ラ・セーヌ

他のどこも真似できない
孤高のフランス菓子を作り続ける。

1986年12月にお店を始めて以来、「フランスとは風土も素材も異なる日本で、多様性・多重性にあふれるフランス菓子を作る」という弓田亨の強い信念のもと、真の味わいのフランス菓子を作り続けてきました。どのお菓子も、時代に流されない「孤高のおいしさ」を追究しています。

店内は、本場フランスのパティスリー同様、季節ごとのオリジナルのアントルメ、定番のフランス菓子、プティショコラ、ヴィエノワズリー、焼き菓子、トゥレトゥール（お惣菜）などの他、フランスの行事に合わせた伝統的な菓子なども大切に作り続けています。また、本当においしい状態で食べていただくため、お菓子を食べる温度にもこだわっています。そのため店内でしかご提供できないお菓子もございます。ぜひ一度、足をお運びください。

マスコミにも多数掲載されたヒット商品「塩味のクッキー」や、五彩のダックワーズ、パウンドケーキ、天然素材で作ったマカロンなど、代官山の手土産として人気のギフト商品も多数取り揃えています。

教える　嘘と迷信のない フランス菓子・料理教室

オーナー・パティシエ弓田亨が自ら指導。
パティスリーの味が再現出来ます。

1988年のフランス菓子教室開講以来、さまざまな生徒さんとの実践の中で、少量のお菓子作りのための技術を磨いてきました。私どもの技術は決して上手な人のためのものではなく、初心者のための技術なのです。向かいのパティスリーに並ぶお菓子と同じものを、同じおいしさで、初心者の人でも短時間で確実に作れるようになります。入学して半年もするとイル・プルーのお菓子と自分が作ったお菓子以外は食べられなくなります。

また1996年よりスタートしたフランス料理教室では、ドゥニさんの薫陶を受けた椎名眞知子が、素材が異なる日本で本場と同じ味わいのフランス料理が作れるように指導します。

通年クラス

弓田亨の世界を学ぶ。
プロが教えるパティスリーのお菓子教室も受講生募集中。

○ **フランス菓子本科第1クール**
1回の授業で2〜3台のアントルメをお一人でお作りいただきます。

○ **楽しく洋菓子科**（旧入門速成科）
誰でも簡単にショートケーキやモンブランが作れるよう指導します。

○ **フランス料理Ⅰ**
ドゥニさんと築いてきた手間を惜しまない本格的なフランス料理を学びます。
オムレツ、ポトフ、コック・オ・ヴァン、アッシ・パルマンティエ等。

○ **フランス料理上級クラス**（フランス料理Ⅰ卒業生対象）
ドゥニさんが講習会で紹介したメニューから、家庭で作れる本格フランス料理を学びます。
ハンガリー風牛肉のパプリカ煮込み、ヴィシソワーズ、オージュ谷風鶏肉の煮込み、オニオングラタンスープ等。

特別講習会

◎ ドゥニ・リュッフェル氏
「フランス菓子・料理技術講習会」毎年夏開催

◎ 弓田亨新作菓子発表会「イル・プルーの一年」

この他にも体験レッスン、無料見学など有り。
お気軽に教室 03-3476-5196 までお問合せください。

infomation

Il pleut sur la seine

素材の開拓　製菓材料輸入販売／輸入販売部

フランス菓子の味わいを知り尽くした菓子職人が選びぬいた、こだわりの素材を世界からお届けします。本物だけがもつしっかりした味と香りは、お菓子の味を一段と引き立てます。

十数年前、一介のパティスィエが、フランスと同じ品質、おいしさの素材を使って、この日本で本当においしいフランス菓子を作りたい一心で製菓材料の輸入販売を始めました。以来、フランス、スペインを中心に、常に自分なりの"フランス的な味わい"を執拗に追求し、パティスィエ人生のすべての知識と経験、執念でもって探した素材はどれも抜きん出た味わいであると自負しています。菓子屋が、鋭い菓子屋の視点で集めた菓子の素材屋として、一人でも多くのパティスィエの皆様に知っていただき、味わいを追求するための良心の糧にしてほしいと考えています。

弓田亨

チョコレート（フランス・ベック社）
アーモンド（スペイン・ユニオ社）
リキュール類（フランス・ルゴル社、ジョアネ社、テブノ社　他）
オリーブオイル、ヴィネガー（スペイン・ヴェア社、フランス・ルゴル社　他）
＊上記商品はほんの一例です。この他ドライフルーツ、ピューレ、エッセンス等多数ございます。

素材の開拓　エピスリー　イル・プルー・シュル・ラ・セーヌ

心と身体がよろこぶ、本当のおいしさに、
直接見て、触れて、試せる、こだわりの製菓材料店。

イル・プルーのお菓子作りに必要な、弓田亨が厳選して集めた秀逸な素材を実際に手に取り、確かめて購入できる他、弓田亨が近年力を入れている日本の家庭料理「ごはんとおかずのルネサンス」関連の材料なども取り揃えております。イル・プルーのお菓子作り、ルネサンスごはんに精通したスタッフが、丁寧に応対いたします。ぜひ一度お立ち寄りください。

教える　お菓子屋さんが出版社！／出版部

プロ、プロ志向、お菓子作りが好きな方々のため、本当においしく作れる本格フランス菓子・料理本の企画・編集・出版を手がけています。

各種お問合せ先

お菓子のことなら・・・
パティスリー
TEL　　03-3476-5211
FAX　　03-3476-5212
営業時間　11：30-19：30
　　　火曜休（祝日の場合は翌日振替）
☆ギフトのご注文はネットからも承ります。

講習会のことなら・・・
フランス菓子・料理教室
TEL　　03-3476-5196
FAX　　03-3476-5197
☆体験レッスン、無料見学、1dayレッスンなどのお申込みはネットからも承ります。

材料のことなら・・・
エピスリー
TEL　　03-3476-5160
営業時間　11：30-19：30
　　　火曜休（祝日の場合は翌日振替）
インターネット通販
エピスリー楽天ショップ OPEN
http://www.rakuten.co.jp/ilpleut

☆ご注文、カタログのご請求、お問合せは
　下記の輸入販売部 TEL、FAX へ。

イル・プルー・シュル・ラ・セーヌ
（代官山フォーラム 2F）

〒150-0033
東京都渋谷区猿楽町 17-16
代官山フォーラム 2F
アクセス　東急東横線「代官山」駅下車、
　　　　　徒歩 5 分
　　　　　東急バス・トランセ
　　　　　「代官山 T サイト」下車、すぐ。

プロ向け製菓材料のことなら・・・
輸入販売部
TEL　　03-3476-5195
FAX　　03-3476-3772

書籍のことなら・・・
出版部
TEL　　03-3476-5214
FAX　　03-3476-3772
E-mail　edition@ilpleut.co.jp
☆全国書店にてお買い求めいただけます。

すべての詳細は
http://www.ilpleut.co.jp

撮影	浅山美鈴（料理・人物）
	工藤ケイイチ（人物）
ブックデザイン＆イラスト	小林直子／umlaut
プリンティングディレクター	石川清人／DNP
調理アシスタント	山崎かおり、高嶋愛、今村亜絵
	菅野華愛、玉木愛純、小黒麻美
編集	中村方映
校正	横山せつ子
フランス語翻訳・校正	舘薫

ドゥニ・リュッフェル・フランス料理

感動の味わい

笑顔を忘れた日本の素材への語りかけ

1

トゥレトゥールと郷土料理 編

2015年7月21日　初版1刷発行

著者＝ドゥニ・リュッフェル
元パリ「パティスリー・ミエ」シェフ
料理制作＝椎名眞知子

発行人　弓田亨
発行所　株式会社イル・プルー・シュル・ラ・セーヌ企画
〒150-0033　東京都渋谷区猿楽町17-16　代官山フォーラム2F
http://www.ilpleut.co.jp/

印刷・製本　大日本印刷株式会社

書籍に関するお問い合わせは出版部へ
〒150-0021　東京都渋谷区恵比寿西1-16-8　彰和ビル2F
TEL：03-3476-5214　FAX：03-3476-3772
edition@ilpleut.co.jp

※定価はカバーに表示してあります。
※本書の内容を無断で転載・複製することを禁じます。
※落丁・乱丁本はお取り替え致します。
Printed in Japan　ISBN 978-4-901490-33-7